für Freunde von ASTRA

Heinz *[signature]*

*◁ Heinz Zak in seiner Route „Doc Holiday"
(Schwierigkeitsgrad 9/9+), Schüsselkarspitze*

*Bei Sonnenaufgang geht der Vollmond hinter
dem Öfelekopf unter.* ▷

Wettersteingebirge und Mieminger Kette

Mit Textbeiträgen von
Stefan Glowacz, Bernhard Hangl,
Walter Klier, Franz Xaver Wagner, Charly Wehrle,
Angelika und Heinz Zak

Bergverlag Rother

Verliebt in ein Stück Fels
Einleitende Worte

Der Igeisee, im Gaistal unter den Wetterspitzen und Plattspitzen gelegen, ist nur nach regenreichen Monaten aufgefüllt.

Über 15 Jahre lang hatte mich an dieser Gebirgsregion nur ein einziges Stück Fels aus allerbestem Wettersteinkalk interessiert. Mehrere hundert Male war ich schon dort gewesen, Sommer wie Winter. Das Ziel meiner Träume war allerdings nicht, wie man meinen könnte, die berühmte Zugspitze, sondern der unbedeutendste von den drei Oberreintaler Bergen – so hatte Hans Leberle die Schüsselkarspitze im Wettersteinführer von 1905 beschrieben. Nach der Fertigstellung meines Karwendelbuches 1990 wollte ich nun das Wetterstein genauso intensiv erleben, dessen östlichste Berggruppe, der Arnspitzstock, hinter unserer Mietwohnung in Scharnitz beginnt.

Anfangs war ich etwas skeptisch. Im Gegensatz zum Karwendel, wo ich im Laufe mehrerer Jahre immer wieder Neues entdecken konnte, scheinen Wetterstein und Mieminger Gebirge von vornherein alle Reize preiszugeben – sie sind im Handumdrehen „erfahrbar" – mit dem Auto oder den Seilbahnen kann man an einem einzigen Tag die Berge beider Gebirge so gut wie von allen Seiten betrachten. Auch war die Vorstellung, daß drei Hauptverkehrsstraßen die Grenze dieser Gebirge darstellen, nicht gerade eine romantische Einladung. Ebenso scheute ich die Menschenmassen auf der Zugspitze und im Reintal – bis ich einfach hinging und zu meinem Erstaunen feststellte, daß mich die vielen Leute kaum störten und daß die Tiefe meines Bergerlebnisses nicht unbedingt davon abhängig war, wie vielen oder wie wenigen Menschen ich unterwegs begegnete. Entscheidend war vielmehr, wie lange ich an einem Platz verweilte. Es mußte gar nichts Besonderes passieren, allein die Zeit, die ich an einem Ort verbrachte, schien mich mit wohltuender Ruhe und Freude zu erfüllen, die in meiner Erinnerung blieben und mich immer wieder an den gleichen Platz zogen.

Waren es im Karwendel einige Gipfel, die ich immer wieder besuchte, so zog es mich im Wetterstein und den Miemingern vor allem zum Wasser. Viele Stunden verbrachte ich am Ufer des märchenhaften Seebensees, betrachtete das Funkeln der Sonne im frisch grünen Wasser oder das ständig sich verändernde Spiegelbild des Zugspitzmassives. Und abends, wenn er im Schatten lag, war der kleine Bergsee schwarz, tiefblau und feuerrot. Spielerisch wirbelte der Wind Berge und Himmel durcheinander, zog tiefblaue Furchen in das Schwarz des Sees und das Rot der Berge. Lärchen rauschten, Wellen gluckerten. Und plötzlich war sie wieder da, diese unendliche Stille – kein Wind, keine Wellen, meine Gedanken gefesselt von diesem magischen Spiegelbild.

Schneefernerkopf, Wetterspitzen und Plattspitzen spiegeln sich im Seebensee.

Immer von Neuem faszinierte mich auch das Smaragdgrün der „Blauen Gumpe", das Spiel zwischen Licht, Wasser und Fels in der Partnachklamm, die wildromantischen Ansichten des Reintales, die urweltliche Schlucht der Höllentalklamm sowie die gespenstischen Baumruinen am verbrannten Bergrücken unter den Arnspitzen. Besonders reizvoll war hier der Gegensatz zwischen Leben und Tod, wenn im Frühjahr unzählige Platenigl (Aurikel) die fahlgrauen Bergflanken in ein leuchtendes Gelb tauchten, aus dem die toten Bäume wie bizarre Skulpturen hervortraten.

Trotz des Rummels war ich auch immer wieder gerne auf der Zugspitze. Warum die Seilbahnstation mit Schnellimbißrestaurant direkt am höchsten Gipfel Deutschlands steht, verstehe ich nicht. Etwas tiefer wäre sie mir lieber gewesen, aber wer will schon den Respektabstand festlegen, den wir vor einem Berggipfel haben sollten? Millionen sind schon mit der Seilbahn zum Gipfel hinaufgefahren, und ich glaube, daß vielen die Berge dort oben eine Riesenfreude bereitet haben. Ich jedenfalls konnte die einzigartigen Fern- und Tiefblicke im Wandel der Tageszeiten und die sagenhaften Wolken- und Nebelstimmungen etwas abseits ungestört genießen.

Heinz Zak

Zugspitzgipfel bei Sonnenuntergang

Deutschlands höchster Gupf
Die Geschichte der Zugspitze

Sonne und Wolkenhaube auf dem Zugspitzgipfel, links davon Alpspitze und Blassenkamm

Deutschland, ein großes, weites, reiches Land voll fleißiger Menschen, mangelt es an wenig doch an einem ganz entschieden: an hohen Bergen. Besonders heftig wird der Mangel an solchen empfunden, die über dreitausend Meter messen, vom Meeresspiegel aus. Aus diesem Schmerz resultieren nicht nur vermehrte, geradezu hektische alpinistische Aktivitäten auf wirklich hohen Bergen in nah und fern, von der Ötztaler Wildspitze bis zum Nanga Parbat, sondern auch eine ungewöhnlich innige Befassung mit jenem 2963 Meter hohen Gupf, der noch dazu unmittelbar an der Grenze zu Österreich liegt, also nicht einmal von einem beruhigend großen Streifen Deutschland rings umgeben ist: der Zugspitze.

Es nützt dabei nichts, sich zu sagen, daß ein solcher „höchster Berg" das Resultat eines ganzes Schwarmes von Zufälligkeiten darstellt, die sich hier verknüpfen. Gebirge wachsen und verschwinden in längeren Zeiträumen, Staaten in kürzeren, und so war die Zugspitze zunächst (wir wollen nicht allzu weit ausholen) „nur" Bayerns höchster Berg, ab 1871 dann der des Deutschen Reiches, aber nur bis 1938. Ob mit dem deutschen Einmarsch in Norditalien 1943 dem Ortler kurzfristig diese Ehre zuteil wurde, dies zu erwägen, würde in völkerrechtlich-historische Spitzfindigkeiten ausarten; jedenfalls ist es nun und auf längere Frist wieder die Zugspitze, die als letzte Folge aller Zufälle „zu den populärsten und beliebtesten Erdenwarzen gehört", wie der Alpinschriftsteller Walter Schmidkunz es treffend formuliert hat.

Und so präsentiert die Geschichte dieser Erdenwarze sich als Kompendium des Typischen und Allzutypischen. Nichts, was wir in der Geschichte des Alpinismus ganz allgemein betrachten können, ist hier ausgelassen worden, und von jedem wurde hier noch etwas dicker aufgetragen als anderswo.

Ur- und Frühgeschichte

Die Anfänge liegen dort, wo sie bei der Geschichte immer liegen: im Dunkeln. In diesem Dunkel wollen wir auch die von jedem Chronisten getreulich wiederholte Ansicht belassen, die Alpengipfel seien in früheren Zeiten „Stätten des Grauens und Schreckens" gewesen. In dieser mit dem größten Eifer wiederholten Feststellung könnten folgende historische Umstände sich vermischen: Die Berge, zumindest einzelne Berge, waren einst auch im Bereich der Alpen ohne Zweifel heilige Berge und damit nicht oder nur von Auserwählten oder nur zu bestimmten Zeiten betretbar. Dieser Umstand mußte in späterer christlicher Zeit gewissermaßen übertüncht werden, was gewiß nicht ohne Namensänderungen oder Verballhornungen abgehen konnte; hier dürfte auch der Grund dafür liegen, daß ausgerechnet die besonders auffälligen und zur „Heiligkeit" geradezu prädestinierten Berge

Namen tragen, die entweder rätselhaft und unerklärlich oder in der Herkunft umstritten oder aber vollkommen banal sind wie bei der Hohen Munde, die einfach „Berg" (lat. mons, montis) heißt. Ob nun also die Zugspitze nach einem germanischen Sonnengott Toig so heißt oder nach den „Zügen", den Lawinenstrichen, die durch die Wälder bedrohlich in Richtung Tal

Riffelwandspitzen und Waxensteingrat, dahinter aus dem Nebelmeer ragend das Estergebirge

Zugspitzeck, dahinter Lechtaler Alpen ▷

zielen, wollen wir auch weiterhin der Phantasie des Lesers überlassen.

Die ebenfalls oft geäußerte Ansicht, das Gebirge sei einst ein quasi unbetretbarer Ort gewesen, entspricht vermutlich eher der Wahrnehmung der Städter als jener der Leute, die in unmittelbarem Kontakt mit dem Gebirge lebten. Nicht nur Hirten und Jäger werden seit jeher die Bereiche über der Waldgrenze durchstreift haben. Bergbesteigungen aus Jux und Tollerei, aufgrund von im Wirtshaus geschlossenen Wetten, sind aus den verschiedensten Alpengegenden überliefert; und seit alters her wurde auch die Zugspitze immer wieder versucht.

Aufgezeichnet sind allerdings nur jene, nämlich in den Kirchenbüchern der umliegenden Gemeinden, die nicht nur nicht hinaufgekommen, sondern gleich heruntergefallen sind und so als Todesfälle in die örtliche Statistik Eingang gefunden haben. Auch aus anderen Gründen dürfte den Einheimischen jedes zu Gebote stehende propagandistische Mittel recht gewesen sein, Auswärtige von der näheren Inspektion ihrer unwegsamen Heimat abzuhalten: Man wollte ungestört Schmuggel treiben, die quasi inoffizielle Jagdhoheit verteidigen sowie möglichst wenig Licht auf die tatsächlichen Eigentumsverhältnisse fallen lassen, damit man nicht womöglich noch mehr Steuern zu zahlen hätte als ohnehin.

Für die Annahme, daß auch die Zugspitze bereits vor ihrer „offiziellen" Ersteigung betreten worden ist, existiert ein konkreter Anhaltspunkt, nämlich eine handgezeichnete, kolorierte Karte aus der Zeit um 1750/1780, auf der ein einheimischer Förster das Wettersteingebirge dargestellt hat. Darin sind nicht nur 47 Örtlichkeiten eingetragen, sondern auch Wege und genaue Zeitangaben. Und so findet man eine gestrichelte Linie übers Platt zum Gatterl (das hier als „Törle" aufscheint) und bis zum Zugspitzgipfel mit der Bezeichnung „Weeg" oder „Gangsteig", und dazu folgende Tabelle:

„Beschreibung des Reinthals vom Reinthaller Hauß biß uf dem Anger

Von Erstgemelten Reinthaller Hauß bis zum hindern Clämel	1 Stundt
Von disem Clämel bis zum Pockhüttl	3/4 Stundt
Von diesen Hüttl bis zur Rauschhütten	1 Stundt
Von der Hütten bis zum Fall Clämel	1 Stundt
Von diesen Clämel bis ufn Anger	3/4 Stundt
Von solchen ybers blath uf Zugspitz	<u>4 Stundt</u>
	macht 8 1/2 Stundt"

Der Erstersteiger

Die „echten" Erstersteiger sind aber immer nur die namentlich bekannten und schriftlich verbürgten, und als solcher gilt im Fall der Zugspitze, die damals noch „der Zugspitz" hieß, Joseph Naus. Der 1793 in Reutte in Tirol geborene Naus war Leutnant im bayerischen Heer und im Auftrag des Topographischen Büros mit kartographischen Arbeiten im Karwendel und Wetterstein beauftragt. Das Blatt Werdenfels des topographischen Atlas von Bayern (1:50.000) stammt von ihm. Darin ist die Höhe der Zugspitze mit 9099 Pariser Fuß über dem Pflaster der Frauenkirche in München angegeben.

Naus kam im Sommer 1820 ins Werdenfelser Land und begann alsbald mit der Erkundung der

*Dramatischer Sonnenuntergang vor einem
Wettersturz. Hochwand, Mieminger Kette*

höhergelegenen Bereiche desselben. Er bestieg zunächst den Krottenkopf (2085 m) und den Kramer (1981 m), und am 21. Juli unternahm er mit einigen Begleitern die erste Zugspitz-Erkundungstour, die auf dem Platt wegen Nebelreißen und Schneefall abgebrochen werden mußte. Die Einheimischen interpretierten dies als Unmut des in der Gipfelregion beheimateten „Zuggeists"; doch offenbar war der Höhepunkt der Wirksamkeit solcher Geschichten dazumal bereits überschritten.

Am 26. August 1820 stieg Naus in Begleitung von Hauptmann von Jetze, Leutnant Anlitschek, dem Offiziersburschen und Meßgehilfen Maier und Johann Georg Deuschl aus Partenkirchen erneut durch das Reintal zur Angerhütte. Im Tagebuch des Joseph Naus liest sich der Bericht über die Erstbesteigung so:

„26. August. Mit Herrn Hauptmann Jetze und Leutnant Anlitscheck durch das Rheintal auf den Anger. Übernachtet in der Hirtenhütte, von einer Menge Flöhe dergestalt gemartert, daß ich wachend am Feuer die halbe Nacht mit Tötung derselben zubringen mußte. Endlich retterirte ich mich unter freien Himmel und schützte mich mit dem Regendach vor dem Regen.

27. August. Früh 4 Uhr von der verwünschten Flohhütte über das Blatt durch den Schneeferner hinter dem Zugspitz an die Gränze, von wo aus man nach Ehrwald, Lermos p. p. und alle in dieser Gegend befindlichen Berge übersehen konnte. Vergeblicher Versuch den Zugspitz zu besteigen. Abermaliger Versuch, welcher endlich nach einigen Lebensgefahren und außerordentlichen Mühen gelang. Nach 1 1/4 Stund erreichten wir, mein Bedienter [namens Maier; der Vorname ist nicht bekannt] und unser Führer Joh. Georg Tauschl aus Partenkirch um 3/4 12 Uhr die höchste Spitze des noch von keinem Menschen bestiegenen, so verschrienen Zugspitzes. Mangel an Zeit und Material verhinderte uns, eine Pyramide zu errichten. Nur ein kurtzer Bergstock mit einem rothen Sacktuch daran befestigt, dient zum Beweise, daß wir dagewesen. Nach 5 Minuten wurden wir schon von einem Donnerwetter, mit Schauer und Schneegestöber begleitet, begrüßt und mußten unter größten Gefahren die Höhe verlassen.

Gerade so viel gestattete der dicke Nebel, mich überzeugen zu können, daß wir die höchste Spitze erreichten. Kaum 10–12 Schritt von der Spitze entfernt, betäubte uns ein Blitz und ein zu gleicher Zeit erfolgter Donnerschlag dergestalt, daß wir glaubten, alle Berge müßten zusammenstürzen. Ich wollte mich hinter eine kleine Felsenwand vor den hinter uns nachkommenden, von der Erschütterung losgewordenen Steinen retten, gab aber bald den vernünftigen Vorstellungen meines Führers, welcher mir die immer mehr wachsende Gefahr des Abwärtssteigens durch den häufig fallenden Schnee schilderte, nach und bequemte mich weiter zu gehen. Unsere beim Hinansteigen gebrauchte Vorsicht, unsern genommenen Weg mittels aufeinander gelegten Steinen und im harten Schnee gemachten Zeichen etc. zu bezeichnen, kam uns bei dem außerordentlich starken Nebel, wo man kaum 4 Schritte vor sich hinsehen konnte, sehr gut zu statten. Unser Weg führte uns durch eine Klamm, in welcher man eine Wand von ungefähr 14 Fuß überspringen und einmal eine noch viel größere Distanz auf hartem Schnee von wenigstens 50° Böschung abfahren und immer nur auf einem Platz von nur 2 Quadratfuß eintreffen mußte. Was diese Gefahr noch vermehrte, war, daß sich durch den Regen das Wasser in dieser Rinne anhäufte und uns keinen rechten Tritt bemerken ließ, zudem es an mehreren Stellen uns über den Kopf und Rücken abstürzte. Endlich mußten wir am südlichen Fuß des Zugspitzes und am Anfang des 2 1/2 Stunden langen und 1 1/2 Stunden breiten Schneeferners, welcher an sehr vielen Stellen mit ungeheuer tiefen und von 2 bis 15 Fuß breiten Spalten vergefährlicht ist – Freund Anlitscheck, Hauptmann Jetze und ich schätzten die Tiefe einer solchen bei 400', sie war kaum 2 Fuß breit, wohl aber mehrere 100 lang. Hauptmann Jetze und Anlitscheck hatten das Glück, indem jeder mit einem Fuß in ein ähnliches Loch trat, sich noch durch Schnelligkeit vom unvermeidlichen Tod zu retten – eine der gefährlichsten Passagen machen. Wo der Ferner sich an die Wände anlehnt, sind die größten und breitesten Schluchten. Über eine dieser war eine Art von Schneebrücke, 1 Fuß dick, 1 breit und 3 lang. Kein anderer Ausweg war übrig, als sich diesem schwachen Gewölbe zu vertrauen und glücklich ging der Marsch von statten. So gelangten wir 3/4 2 Uhr auf den Schneeferner und setzten unsern Marsch über diesen und das Blatt fort. Um 3 Uhr traf ich meine Freunde und Reisegefährten am Anger im Flohhüttchen wieder. Um so angenehmer war das Wiedersehen, da ich mehrmals zweifelte, mein Leben erhalten zu können. Um 1/2 4 Uhr verließen wir unsern Aufenthalt und kamen abends 9 Uhr ganz ermüdet und entkräftet in Partenkirchen an. In der Früh war das Wetter gut. Von 3/4 12 Uhr aber regnete und schneite es bis in die Nacht."

Der Führer Deuschl erhielt als Lohn 2 Gulden und 42 Kreuzer, und der eingeborene Volksmund, der zuerst den Zuggeist vergebens zur Abschreckung der Zugereisten in Anwendung gebracht hatte, hielt nun die Nachricht von der geglückten Besteigung für Aufschneiderei. Noch ein Jahrzehnt später war zu diesem alpinistischen Problem in den „Bayrischen Annalen" zu lesen: „Schon Manche – und darunter die verwegensten Gemsjäger – hatten die Zinnen des Zugspitzes zu erklimmen versucht, alle aber waren nicht weiter gekommen als bis an deren ersten Kopf am Ende des Schneeferners; wie sie hier die nackten Spitzen fast pfeilgerade in die Höhe ragen sahen, sank Allen der Muth und Jung und Alt erzählte es sich als eine Unmöglichkeit, auf diese Spitzen zu gelangen."

Dieses Zitat zeigt ebenso wie der Bericht von Naus und viele andere Texte aus der Urzeit des Alpinismus die erhebliche Distanz zwischen der Wahrnehmung eines Heutigen, an den Berg Gewöhnten und jener der Alten, die hier, mitten in Europa, tatsächlich in eine Art von terra incognita vordrangen, wie sie heute kaum noch irgendwo auf der Welt vorstellbar ist.

Zweite, Dritte und weitere

Nicht nur daß die Kunde von der Zugspitz-Erstbesteigung offenbar auf einen sehr kleinen Kreis beschränkt blieb, mehr oder weniger in Vergessenheit geriet und bis heute – auch aufgrund der kurzen Gehzeiten, die Naus angibt – immer wieder angezweifelt wurde, wurde Joseph Naus zu allem Überfluß aufgrund eines Irrtums in dem Standardwerk „Die Erschließung der Ostalpen" jahrzehntelang als „Karl Naus" geführt.

Und obwohl das Bergsteigen im ersten Drittel des 19. Jahrhunderts ganz allgemein als eher abseitige Beschäftigung galt und noch bis gegen Ende dieses selben Jahrhunderts häufig mit „wissenschaftlichem Interesse" gerechtfertigt werden mußte, war es, einmal begonnen, ein Tun, das immer rascher Nachahmer fand und sich, wie wir wissen, mittlerweile zu einer der beliebtesten schönen Nebensachen der Welt entwickelt hat.

Auch dem höchsten Berg des Königreichs Bayern blieben weitere Besteigungen nicht erspart. Die zweite erfolgte im Jahre 1823 durch den Maurermeister Simon Resch aus Partenkirchen und den „Schaf-Toni" aus Telfs, von dem kein Familienname, sondern nur die Profession, eben die eines Schafhirten im Reintal, überliefert ist. Zwar errichteten sie eine Steinpyramide auf dem bei dieser Gelegenheit erstmals betretenen Ostgipfel, doch wurde ihnen von der Landbevölkerung, die sich ja ganz allgemein in früherer Zeit nicht von jedem modischen Firlefanz den Kopf verdrehen ließ, genausowenig geglaubt wie den Erstbesteigern. Daß deren Führer, Johann Georg Deuschl, behauptete, beim Schafsuchen die Pyramide auf dem Ostgipfel gesehen zu haben, erhöhte ihre Glaubwürdigkeit auch nicht.

Und so ging es weiter. „Noch bis 1834 galt die Zugspitze ganz allgemein als unerstiegen und unersteigbar, und auch an die am 18. September dieses Jahres von demselben Maurermeister Resch, seinem 15jährigen Sohne Johann und dem Zimmermannssohne Johann Barth, vulgo Hanni, glücklich ausgeführte zweite bzw. dritte Besteigung glaubte man allgemeiner erst dann, als ein gänzlich unbetheiligter Mann, der damalige Besitzer des ‚Kanitzer' = jetzt ‚Kainzen'-Bades, A. Hibler, als Zeuge auftrat und in den ‚Annalen' eine öffentliche Erklärung veranlaßte, worauf die Hauptzweifler wieder Hibler's Glaubwürdigkeit bemängelten!" So Max Krieger, einer der verdienten Chronisten der Zugspitz-Geschichte. (Eine der neuesten und ausführlichsten Darstellungen der wechselvollen Geschicke, die sich mit unserem Berg verbinden, stammt übrigens von dem namhaften Alpinisten und Bergschriftsteller Toni Hiebeler.)

In dem Bemühen, weitere Zweifel endgültig auszuräumen, gaben sich die Drittbesteiger alle erdenkliche Mühe. Sie errichteten eine neue Steinpyramide und entzündeten ein Feuer, in das sie alles Entbehrliche warfen, um es möglichst sichtbar zu machen, einschließlich mitgebrachtem Pech und zuletzt ihren Sacktüchern.

Klassische Schilderungen

Dann ging es Schlag auf Schlag. Neun Tage später schon stiegen der Maurermeister Resch, sein Sohn Johann und Hanni Barth erneut gegen die Zugspitze an. Diesmal fungierten sie als Führer für den königlich bayerischen Forstgehilfen Franz Oberst aus Farchant und seinen Berufskollegen Schwepfinger, dessen Vorname nicht überliefert ist. Überliefert ist dafür ein ausführlicher Bericht, der vier Monate nach der Besteigung in der Nummer 4 der „Bayerischen Annalen" vom 27. 1. 1835 erschien:

„Wir standen nun am Fuße des Zugspitzes; heftiger, schneidender Wind, der unsere Glieder erstarren machte und eine Eiskluft von einigen Tausend Fuß (!) Tiefe, welche den Ferner von der zu erklimmenden Wand schied, suchten uns von unserem Vorhaben zurückzuschrecken. Unser Muth siegte jedoch, kühn überschritten wir die Eiskluft, deren Breite nicht bedeutend war, und begannen das Klettern, nachdem wir des Windes halber unsere Hüte hatten zurücklassen müssen. (...) Auf Händen und Füßen kletternd, erreichten wir in einer Viertelstunde von hieraus einen kleinen Grat, wo das Klimmen abnahm, um sieben Uhr waren wir an der ‚Zugspitz-Schneide' angelangt, die nur dem mit Schwindel Behafteten gefährlich erscheint und sieben Minuten vor acht Uhr – also in nicht ganz sechs Stunden nach dem Verlassen der Angerhütte! – standen wir am 27. September 1834 auf dem höchsten Punkte Bayerns (...)"

Nun wurde die königlich bayerische Fahne gehißt, um „Seiner Majestät dem König, dem ganzen königlichen Hause und allen biederen Bayern" die Ehre zu erweisen, sowie für dieselben ein „Lebehoch aus tiefer Brust" ausgebracht. Man tat des weiteren, was man auch heute tut: Man genoß die Aussicht und versuchte sich über die Gipfel klarzuwerden, die man im weiten Rund des Panoramas ausmachen konnte. Dazu zählten in jenem Jahr 1834 auch Jungfrau und Montblanc, was freilich von späteren Besuchern nicht bestätigt werden konnte. „Wenn mir Gesundheit und Kraft bleiben, so habe ich mit dem ersten Male nicht auch zum letzten Male den höchsten Punkt unseres geliebten Vaterlan-

Gesamtes Wettersteingebirge von Westen gesehen, rechts davon Gaistal und Teile der Mieminger Kette, links davon Eibsee und Garmisch, im Vordergrund Ehrwald

des betreten. Mächtig wird mich's immer hinziehen an diese Stelle, wo man den großartigsten Anblick genießt, wo die Allmacht der Schöpfung den Menschen mit tiefer Bewunderung der Werke des Herrn erfüllt, und wo man sich bei den hierdurch angeregten Gefühlen auf der einen Seite ebenso gedemütigt, als auf der anderen über die gewöhnlichen Regungen erhaben fühlt!"

So war die klassische Form, das seither so genannte Bergerlebnis zu formulieren, hier bereits gefunden, und insbesondere an der Zugspitze würde diesem in den folgenden Jahrzehnten nicht mehr viel hinzuzufügen sein. Das Beispielhafte unseres Berges zielte nun schon bald in die Richtung, die der Alpinismus ganz im allgemeinen nehmen würde: zur Verallgemeinerung und Demokratisierung des Bergerlebnisses, das sodann keiner so speziellen (und überschwenglich erscheinenden) Formulierung mehr bedarf, sondern massenhaft und vermutlich ziemlich gleichförmig von jedem einzelnen Bergsteiger reproduziert wird – was an der Tiefe und Weite des einzelnen Erlebnisses nichts ändert; bloß wird dessen Schilderung für die anderen etwas weniger interessant.

Schon ein Jahr später machte Franz Oberst seine Ankündigung wahr und kam wieder; diesmal zusammen mit dem königlichen Forstgehilfen Sartori aus Garmisch, dem Botaniker Dr. Einsele, Kreisphysikus in Berchtesgaden, dazu der Söldner Urban als Träger und wieder einmal Hanni Barth als Führer. Die Beschreibung dieser fünften erfolgreichen Zugspitz-Expedition durch Dr. Einsele erschien 1846 im „Deutschen Hausbuch", und daraus wollen wir einige kurze Passagen zitieren, da auch sie in ihrer Weise vorbildhaft die alpinistischen Standardsituationen der Übernachtung, des Kontakts mit einheimischem Mensch und Tier, der nagenden Zweifel an der Sinnhaftigkeit des Tuns, der bangen Frage nach dem Wetter, der Strapazen, der Wegsuche und der knapp überstandenen Gefahr ausformulieren.

„Gegen Abend hatten sich auch die Kühe um die Hütte versammelt, und einige von ihnen sprangen wie besessen umher. Dies, so sagte man uns, bedeute schlechtes Wetter. Am Feuer, das mitten in der Hütte loderte, prasselte in der Pfanne das Schmalz, und bald regalierte uns der Träger Urban, zugleich unser Koch, mit einem wirklich gut bereiteten Schmarrn, in Werdenfels ‚Stopfer' genannt. (...) Herren und Diener lagerten sich dann, traulich aneinandergereiht, längs der einen Wand, die beiden Hirten schliefen auf ihrer gewöhnlichen Lotterbank. (...) Ich konnte nicht schlafen, setzte mich an das halb verglimmende Feuer und brütete über unsere Expedition, die mir halb und halb töricht und unausführbar erschien.

Von Zeit zu Zeit erhob sich der eine oder andere meiner Gefährten, ging hinaus und kam mit gleich schlechter Nachricht zurück: ‚Morgen regnet's genug.' (...)"

Um halb zwei Uhr brachen die Männer in die sternenlose Nacht auf. Als Lichtquelle diente ihnen ein brennender Span. An der Stelle der heutigen Knorrhütte rasteten sie und warteten die Morgendämmerung ab. Alle außer Dr. Einsele schnallten sich Fußeisen an, dann begann die Kraxelei, laut Einsele „der schlimmste Teil der Reise".

„Um überhaupt weiter zu kommen, entledigte ich mich meiner Fußbekleidung. In Socken war ich nun sicherer als meine mit Eisen bewaffneten Gefährten, die oft kaum Raum genug für ein einziges Zinkenpaar ihrer Fußeisen an den Felsen fanden. Der Genius der Zugspitze war gnädig genug, uns für unsere Tollkühnheit nicht zu strafen, denn wir kamen alle glücklich über diese mörderische Stelle.

Bald ober dem Klamml erreichten wir, schräg an den Wänden hinaufkletternd, die ‚Platte'. Von da an ist das Terrain etwas weniger steil, aber doch

Alpinillustrationen anläßlich der fünften Zugspitzbesteigung 1835 im „Deutschen Hausbuch", IV, 1846 ▷
▽

noch abschüssig genug, daß man fortwährend auf Händen und Füßen klettern muß. Einer hinter dem andern rückten wir jetzt auf der schmalen, ausgenagten Kante über die Grenzscheide zwischen dem Plattacher- und dem Hölltalferner vorwärts. Schon glaubten wir alle Hindernisse überwunden, als wir uns ganz unerwartet an einer etwa 27 Fuß langen Schneekante sahen, die eine Scharte des Grates ausfüllte. Umgehen konnte man sie nicht. Ihre beiden Seitenflächen fielen steil wie ein Kirchendach nach den beiden Fernern ab. Hanni besann sich nicht lange. Wie ein Seiltänzer balancierte der Waghals in dieser ungeheuren Höhe zwischen den Abgründen frei hinüber – ein schauderhafter Anblick. Keiner der andern wagte diesem Beispiel zu folgen. Es blieb uns nichts anderes übrig, als hinüber zu reiten – ein komischer Kontrast zu Hannis Verwegenheit.

Die letzte Strecke der Kante zum Gipfel hinauf erhebt sich von da an ziemlich steil. Wie wir der Spitze näher kamen, sahen wir zu unserer großen Verwunderung die Fahnenstange vom vorigen Jahr unfern der Pyramide liegen, eine erwünschte Trophäe, die unter Jubel morgens ein Viertel nach sieben Uhr nach beinahe einjähriger Ruhe auf der Spitze noch einmal geschwungen wurde. Gleich dem Träger Urban ganz erschöpft und dem Unwohlsein nahe, setzte ich mich ein paar Schritte von der Pyramide weg ans Ende der Kante, unfähig, an der Geschäftigkeit meiner Gefährten teilzunehmen. Es war gut, daß ich Hoffmannstropfen und etwas Zucker mitgenommen hatte."

Von Schmugglern, Prinzessinnen, Turnern und Gipfelkreuzen

Zu der Zeit, von der wir hier berichtet haben, blühte, im Interesse der Betreiber meist im Verborgenen, an der Grenze zwischen Tirol und Bayern noch das Schmugglergewerbe. So wurden von wagemutigen Burschen etwa Seidenwaren, die in Tirol um die Hälfte billiger waren, über die Jöcher nach Bayern getragen, nicht selten unter Gefahr für Leib und Leben, nicht nur der bekannten Berggefahren, sondern auch der bewaffneten und wenig zimperlichen Zöllner wegen.

1828 kamen die ersten Österreicher, der Trigonometer Joseph Feuerstein von der „Grenz-

Riffelwandspitzen und Waxensteingrat

Regulirungs-Commission" und sein Führer, der Ehrwalder Joseph Sonweber vulgo Russ. Sie hinterließen auf dem Westgipfel eine Signalstange mit ihren eingebrannten Initialen. Als Höhe des Gipfels wurden nun „1558 Wiener Klafter = 1012 Bayerische Ruthen oder 10120 bayerische Fuß" angegeben.

Im August 1843 erklomm eine zwölfköpfige Erkundungsexpedition aus Forstleuten, Trägern und Führern die Zugspitze, mit dem Auftrag, einen Weg auszukundschaften, auf dem der Kronprinzessin Marie, der späteren Königin Marie von Bayern, eine Besteigung ermöglicht werden könnte. Die königliche Hoheit hatte nämlich Interesse an der höchsten Erdenwarze ihres Reiches gefunden. Acht von den zwölfen erreichten den Gipfel und verewigten sich mit Pinsel und Ölfarbe auf einer Felsplatte, um zusammen mit der in „einem gut verschlossenen Kruge" hinterlegten Namensliste jeden Zweifel an der Begehung zu zerstreuen. Auch dieser schöne Brauch entstand also praktisch in der Geburtsstunde des Alpinismus und erregte nicht wenig später schon Mißfallen. Wenn viele ihr (nur für sie selber) einzigartiges Tun zu verewigen anfangen, wird der Raum bald knapp, sie gehen einander auf die Nerven und werden den

Eibsee und Ammergauer Alpen

Hütern der Reinheit bald ein Dorn im Auge. Kronprinzessin Marie konnte sich offenbar doch zu keiner Zugspitzbesteigung aufraffen; dafür erfolgte drei Jahre später, im Oktober 1846, der Ansturm einer größeren Partie von Turnbrüdern, die so gut wie ohne Ausrüstung und Proviant, allerdings unter der bewährten Führung des Hanni Barth und von diesem mit Bergstöcken ausgerüstet, die Tour unternahmen. Der vom Turnvater Jahn angefachte Kampfgeist konnte allerdings nur bei der Hälfte der Partie die mangelhafte Vorbereitung wettmachen. Den Gipfel erreichten schließlich die Herren „Ernst Müller, vulgo Urmüller, Bildhauer aus Hessen-Kassel, J. Puschkin, Maler in München, Karl Sedlmayer, später Buchbindermeister in Amberg, Fremdke aus Hamburg, ein Landsmann Müllers namens Heß und der Bildhauer Rieß aus Schwaben". Damit waren, was von bayerischen Chronisten immer besonders hervorgehoben wurde, die ersten echten Flachländer, um nicht Preußen zu sagen, auf der Zugspitze gewesen.

Was dieser vorderhand noch fehlte, war ein Gipfelkreuz. Auf leichter zugänglichen Bergen ebenso wie auf Jöchern hatte es schon seit alters her Kreuze gegeben, und so lag es nahe, daß diese Form des Gotteslobs auch und gerade auf der Zugspitze realisiert zu werden hatte. Das irdische Werkzeug hiefür war Pfarrer Christoph Ott aus Peißenberg, dessen Dienstbote Jakob Sporer, genannt der Zugspitz-Jakl, unseren Gipfel immer wieder gerne allein bestieg, und von dem er, wie es heißt, stets „beruhigt und guter Dinge" zurückgekommen sei. Das Kreuz wurde auf Pfarrer Otts Anregung mit Hilfe einer erfolgreichen Subskription finanziert. Es war, wie Ott selber in seinem Bericht schreibt, „ganz aus Eisen gearbeitet, die vergoldeten Röhrenflächen aber mit Kupfer platirt, ist 14 Fuß hoch und in 28 Theile zerlegbar; die Röhren halten 11 Zoll, die kupferne vergoldete Kugel über 2 Fuß im Durchmesser; 24 Quadratfuß des Kreuzes bis herab zum Kugelende sind gut im Feuer vergoldet. (...) Die Gesamtlast des Kreuzes wiegt über 300 Pfund. Die Anfertigungskosten belaufen sich auf 443 fl. [Floren, d.h. Goldgulden] 10 kr., die der Expedition nebst Anderem auf 167 fl. 26 kr.; zusammen 610 fl. 36 kr."

Am 4. August 1851 wurde das Kreuz vor dem Pfarrhaus in Hohenpeißenberg aufgestellt und geweiht, dann in Partenkirchen erneut zur Besichtigung aufgestellt, dann zerlegt und mit insgesamt 29 Mann hoch über die Partnachklamm ins Reintal und schließlich vom 11. bis 13. August unter den erdenklichsten Mühen bis zum Gipfel geschafft und dort montiert und aufgestellt. Es stand – vom Tal aus, auch von der Ehrwalder Seite aus, gut zu sehen – dreißig Jahre lang und hatte etliche Blitzeinschläge auszuhalten. 1881 wurde es von zwei Bergführern abmontiert und in mehrfachen Gängen zu Tal gebracht. 1882 stellte man es wieder auf, nun allerdings auf dem etwas niedrigeren Ostgipfel, da der westliche bereits ins Visier der Erschließer geraten war: dort sollte das Gipfelhaus entstehen. Auf dem Ostgipfel stand das Kreuz dann bis August 1993, wo es weiterhin einiges auszuhalten hatte, nicht nur Sturm, Blitz und Donner, sondern auch die Kugeln amerikanischer Soldaten, die ab 1945 auf dem Gipfel stationiert wurden und sich mit Zielübungen die lange Zeit vertrieben, „ein barbarischer Akt der Respektlosigkeit", wie Robert Eidenschink, ein neuerer Chronist, mit Erbitterung anmerkt, wobei man hierzu anmerken könnte, daß nach dem, was in Europa in den Jahren zuvor an barbarischen Akten vollführt worden war (weswegen diese jungen Amerikaner überhaupt hierher geraten konnten), ein paar MP-Salven auf das Zugspitz-Gipfelkreuz zwar als unnötig, ja geradezu frech gelten können, aber eine vergleichsweise eher geringfügige Barbarei darstellten. 1993 wurde das vom Zahn der Zeit insgesamt stark zernagte Kreuz abmontiert und durch eine

*Blick von der Zugspitze auf Wettersteinkamm,
Mieminger Kette und Alpenhauptkamm*

exakte Kopie ersetzt. Das alte Kreuz ist nun im Werdenfelser Heimatmuseum zu besichtigen.

Goldene Zeit: Besteigen und Bauen

Mit der Gründung des englischen Alpine Club (1857), des ersten Bergsteigervereines der Welt, läßt man gewöhnlich das „Goldene Zeitalter" des Alpinismus beginnen. Es begann auch hier in unserem Gebiet. Die Zugspitze wurde im Verlauf der folgenden Jahrzehnte auf allen nur erdenklichen Wegen, zu allen Jahres-, Tages- und Nachtzeiten bestiegen.

Wollte man Erfolg haben, hielt man sich tunlichst an das, was Adolph von Schaden 1832 geraten hatte: „In der Tat sind die Hochgebirge im mittäglichen Bayern für einen der Sache ungewohnten Großstädter nie ohne Anstrengung und saure Mühe zu erreichen, und wer engbrüstig und sehr zum Schwindel geneigt ist, dem raten wir wohlmeinend, lieber gleich im Tal zu bleiben, denn ihn erwarten auf den Firnen unübersteigliche Hindernisse, große Not und Höllenangst. Wem es ernstlich darum zu tun ist,

Im Abendlicht Wettersteinkamm mit Leutascher Dreitorspitze, dahinter die zweite Karwendelkette und der Großglockner

die höheren Berge zu besteigen, muß zu dem Unternehmen förmlich und zweckmäßig gerüstet sein. Vor allem entledige man sich der zierlichen, blanken Stadtstiefel mit den hohen, beschlagenen Absätzen, denn damit ist schlechterdings nicht fortzukommen. Dagegen schlüpfe man in dicksohlige, mit sogenannten Zwecken versehene und mit Tran eingelassene hohe Gebirgsschuhe, wie sie dort alle Eingeborenen tragen, dann vertraue man sich einem bewährten Führer an, ohne den man keinesfalls wagen darf, die Alpen zu besteigen. Ferner versehe man sich mit Gebirgsstock und Fernrohr, dann einigem Mundproviant und einer wohlgefüllten Jagdflasche, da außer Milch und Käse in den Sennhütten absolut nichts zu erlangen ist."

Als erste Frau stand Karoline Pitzner, die Gattin des königlichen Forstmeisters Pitzner in Partenkirchen, am 22. September 1853 auf der Zugspitze; die zweite Frau, Baronin Lobkowitz aus München, folgte 1855.

Der Münchner Wissenschaftler Otto Sendtner, der ebenfalls 1853 den Gipfel erreicht hatte, schlug den Bau einer Unterkunftshütte vor, die bald darauf tatsächlich im obersten Reintal auf 2051 m errichtet und nach dem Hauptsponsor, dem Münchner Verleger Angelo Knorr, benannt wurde.

1857 überschritt der Münchner Dr. Härtinger mit dem Partenkirchner Führer Joseph Ostler vulgo Kosersepp den Grat vom Westgipfel zur „Stangenspitze", also dem Ostgipfel. 1861 kam der erste Schweizer, der Alpenpionier Gottlieb Studer, 1869 gab es die erste Sektionstour der im gleichen Jahr wie der Deutsche Alpenverein gegründeten Sektion München. Vierundvierzig Mann hoch trugen sich in das nun bereits aufliegende Gipfelbuch ein. Die ersten Engländer ließen sich 1871 sehen; es waren die Brüder Trench, Söhne des Dubliner Erzbischofs (offenbar des anglikanischen) und ein Mr. Cluster aus London, die den Besuch der Passionsspiele in Oberammergau sinnvoll mit dem der Zugspitze verbanden, wobei ihnen die Ehrwalder Führer Sonweber zur Hand gingen. Sie stiegen erstmals von Ehrwald zum Westgipfel an (dort war bereits 1851 dem Jagdgehilfen Michael Baur und seinem Hund Di ein abenteuerlicher Abstieg gelungen).

Nun war die Zugspitze zum höchsten Berg des Deutschen Reiches geworden, und 1872 wurde die Flagge dieser neuen und, wie sich zeigen sollte, nicht unproblematischen Reichsgründung von Frau Josefine von Klessing neben dem ehrwürdigen Kreuz aufgepflanzt.

Am 11. 8. 1872 stiegen Franz von Schilcher und Joseph Ostler vom Westgipfel in das österreichische Schneekar und von dort auf neuem Weg gegen den Eibsee ab, tags darauf der Münchner Nikolaus Winhart mit Joseph Sonweber vom Ostgipfel über die fast 500 Meter hohe Nordostwand, die „Höllentalwand", ins Höllental. Sie brachen nachts um 2.15 Uhr in Ehrwald auf, waren um 6.45 auf dem Gipfel und um 4 Uhr nachmittags in Partenkirchen und hatten damit etwa 28 km, 2000 Höhenmeter im Aufstieg und 2200 Höhenmeter im Abstieg bewältigt, davon 500, die heute mit dem II. Schwierigkeitsgrad bewertet werden.

Einer vergleichbaren Strapaze hatte sich im Jahr zuvor bereits der Münchner Heinrich Waitzenbauer unterzogen. In den Worten des Chronisten Max Krieger: „Waitzenbauer verließ am 14. Oktober abends 6 3/4 Uhr München, traf – von Weilheim mittels Stellwagen! – um 5 Uhr morgens in Partenkirchen ein, wo schon Koser Hans bereit stand, erreichte nach zwei Rasten beim Rainthalerbauern und am Hinteren Anger um 10 Uhr 40 Minuten die Knorrhütte, wo eine Stunde Halt gemacht wurde, und befand sich um 2 Uhr 20 auf dem Gipfel. Nach einstündigem Aufenthalte bei reiner Fernsicht wurde derselbe Rückweg genommen, vom Hinteren Anger aus mit Laterne marschiert, um 9 Uhr 45 Minuten abends Partenkirchen, um 4 Uhr morgens mittelst Einspänner, der den bereits abgegangenen Omnibus einholen mußte, Weilheim und um 7 1/4 Uhr München erreicht."

Die weitere Geschichte ist jene der Erschließung, die hier von einer „rein" alpinistischen bald in eine technische überging. Insbesondere seit die Zugspitze zum höchsten Punkt des frischgebackenen Reiches geworden war, sollte ja möglichst jeder Deutsche den magischen Punkt auch ohne größere Schwierigkeit erreichen können. Damit war auch die zweite Phase der alpinen Literatur, jene mit reichlicher Klage über die wachsende Übervölkerung der Berge, hier recht früh eingeläutet worden.

1873 wurde der Aufstieg von der Knorrhütte zum Gipfel durch die DAV-Sektion München zu einem regelrechten Weg ausgebaut, mit Sprengungen, Drahtseilsicherungen, Eisenstiften, die Hütte von der Sektion übernommen und auch das bisher regellose Führerwesen geregelt. Der Anstieg von Ehrwald durch das österreichische Schneekar wurde zu einer frühen Form von

Höllentalspitzen, dahinter Dreitorspitzen und Karwendel

Alpspitze, dahinter Schöttelkarspitze und Wörner im Karwendel

Drahtseilakt auf den Seilen der Eibseebahn

Klettersteig ausgebaut. 1880 entstand neben der alten, wegen ihres Flohreichtums berühmt gewordenen Hirtenhütte am Reintalanger ein 23 Quadratmeter großes Blockhaus. Der Bau kostete 537 Mark.

Die Zahl der Zugspitzbesteiger stieg von 22 im Jahr 1854 auf 235 im Jahr 1890. 1929, vor der Eröffnung der ersten Bahn, würden es über 14.000 sein.

1882 erfolgte die erste Winterbesteigung der Zugspitze durch die Münchner Ferdinand Kilger, Heinrich Schwaiger, den Verfasser des ersten Karwendelführers, Joseph und Heinrich Zametzer und Alois Zott, kurz darauf die zweite durch den als Bergmaler bekannten E. T. Compton mit Johann Koser.

In der Folge wurden auch die langen Grate begangen, 1884 der Nordostgrat (heute mit 3 bewertet) von der Riffelscharte durch Franz Resch, Schlossermeister in Partenkirchen, und Clement Sam, Holzmeister in Eschenlohe. Die Überschreitung von der Zugspitze bis hinaus zum Kleinen Waxenstein gelang dem Alleingeher Anton Heinrich 1906 in acht Stunden. Die ersten zweieinhalb Kilometer des Ostgrats, also bis zur Inneren Höllentalspitze, bezwang 1896, ebenfalls allein, Emil Diehl, im folgenden Jahr schaffte es, wieder allein, Ferdinand Henning bis zur Alpspitze. Über diesen Grat verläuft seit 1915 der von der Sektion München erbaute „Jubiläumsweg".

Die erste Gesamtüberschreitung von der Zugspitze zum Schneefernerkopf gelang am 14. 7. 1900 Joseph Enzensperger, der auch der erste Wetterbeobachter des Zugspitz-Observatoriums war; die erste Überschreitung des gesamten Kammes von der Zugspitze über den Grat der Plattumrahmung und den ganzen Wettersteinkamm, über 36 Gipfel, Georg von Kraus und Karl Wien am 14. 7. 1929.

Die sonstige alpine Erschließung verlief nach dem gleichen Schema wie sonst in den Alpen; ein Brennpunkt des alpinen Geschehens wurde die Zugspitze allerdings nicht mehr. Die bis heute bekannte, aber nur mehr wenig begangene Wetterkante (5) wurde 1908 von Heinrich und Robert Haff begangen, die 1000 m hohe Schneefernerkopf-Westwand (4-) 1911 durch Max Winkler, den jüngeren Bruder des allzu kühnen, frühvollendeten Alleingängers Georg Winkler. In den zwanziger Jahren führte Willo Welzenbach auch hier den 5. Schwierigkeitsgrad („überaus schwierig", eine Zeitlang der höchste Grad) in Theorie und Praxis ein, mit der Zugspitzeck-Westwand (1925 zusammen mit Hubert Rüsch) und der Südwand der Mittleren Wetterspitze (1926 mit Josef Dreher). Doch das Schwergewicht des Geschehens verlagerte sich im zwanzigsten Jahrhundert eindeutig vom Gehen aufs Bauen.

Die Spitzenleistungen der letzten Jahrzehnte gehören dann mehr und mehr ins Kuriositätenkabinett. So gab es 1922 die erste Flugzeuglandung durch Major Franz Hailer; der berühmte

Ernst Udet unternahm 1927 den ersten Segelflug-Hochgebirgsstart auf dem Schneeferner; er landete nach 25 Minuten Flugzeit in Lermoos. Auch Drahtseilartisten gaben sich das Stelldichein. 1949 führte eine Dreiergruppe Balance-Spaziergänge und eine Motorradfahrt auf zwei zwischen Ost- und Westgipfel gespannten Seilen aus; 1953 vollführten Alfred und Harry Treiber

Erstes Münchner Haus

einen dreifachen Motorrad-Salto-mortale um die Seilachse.

Hausbau in großer Höhe

Der Alpenverein verstand es als seine Aufgabe, nach dem berühmten Passus in seiner Satzung, „die Kenntnis von den Alpen, mit besonderer Berücksichtigung der österreichischen, zu verbreiten und zu erweitern, die Liebe zu ihnen zu fördern und ihre Bereisung zu erleichtern". Drei Wege waren bis in die 1890er Jahre zum höchsten Punkt gebaut worden: von der Knorrhütte über den Schneeferner, durchs österreichische Schneekar und durchs Höllental. So war es nur konsequent, daß der Plan zum Bau einer Schutzhütte auf dem Gipfel entstand und 1894 auf dem Fest zum 25jährigen Bestehen von Alpenverein und Sektion München auch vorgebracht wurde. Die bergsteigende Jugend sprach sich gegen diese Übererschließung aus. Bei der Generalversammlung wurde unter anderem auch vorgebracht, man „solle die stumpfsinnige Masse nicht auf den Gipfel hinauflocken" und es brauche auf 3000 m kein Gasthaus, „in welchem man mit dem Maßkrug in der Hand den Sonnenuntergang betrachten wolle. Wer nicht ohne Wirtshaus auf eine Spitze käme, solle

untenbleiben". Die zwei Extrempositionen standen einander damals so unversöhnlich wie heute gegenüber, wobei damals wie heute die große Mehrzahl eher einem Sowohl-als-auch zugeneigt haben dürfte. Die konsequente „Reinerhaltung" der Berge müßte ja schließlich in letzter Konsequenz zur Aussperrung aller Menschen führen, ebenso wie die andere Variante, nämlich auf jedem Gipfel ein Wirtshaus zu errichten, damit man von dort den Sonnenuntergang bewundern kann, von mangelnder Rentabilität abgesehen, nicht einmal den radikalsten Wirtshausbefürwortern gefallen würde. Man muß allerdings sagen, daß die Entwicklung sich in den seither vergangenen hundert Jahren vor allem inneralpin eindeutig mehr dem zweiten Ideal nähert. Der Konflikt führte schließlich zum Austritt von 63 Mitgliedern aus der Sektion München, die hierauf die Sektion „Bayerland" gründeten. Für den damals erheblichen Betrag von 28.300 Mark konnte sodann die vom alpin-ökologischen Purismus gereinigte Sektion München darangehen, als „Krönung ihrer umfangreichen Arbeiten im Wetterstein" das Münchner Haus auf dem Westgipfel zu erbauen.

Es war eine beträchtliche Leistung: jeder Balken, jeder Nagel, jeder Sack Zement mußte, zwei Sommer lang, die dreißig Kilometer lange Strecke durch das Reintal gesäumt und getragen werden. Vom Gipfel bis ins Höllental wurden ein fünfeinhalb Kilometer langes Blitzkabel und durchs Reintal nach Partenkirchen eine 21 Kilometer lange Telefonleitung verlegt. Das Haus hatte einen Schlafraum mit achtzehn Matratzenlagern; im ersten vollen Betriebsjahr, 1898, zählte man 1800 Besucher. Zehn Jahre später waren es 4100. Ab 1900 wurde täglich das Wetter von der Zugspitze gemeldet; denn inzwischen war hier Deutschlands höchste Wetterstation in einem Turm neben der Hütte eingerichtet worden. Der erste Wetterbeobachter war, wie schon erwähnt, der Bergsteiger Joseph Enzensperger, der gleich ein ganzes Jahr hier heroben ausharr-

Altes und neues Gipfelgebäude der Eibsee-Seilbahnstation

te, während der Wintermonate ganz allein. Er tat dies auch zu Trainingszwecken, um sich nämlich für die Teilnahme an einer Südpolarexpedition vorzubereiten. Bei dieser kam er dann 1903 auf der Kerguelen-Insel ums Leben.

Bereits 1911–14 wurde das Haus erweitert, und in den zwanziger Jahren steigerten sich nicht nur die Besucherzahlen rasant, sondern während der Inflationszeit auch die Gebühr für die Übernachtung, die während des Jahres 1923 alle vierzehn Tage neu festgelegt werden mußte. Zu Pfingsten kostete ein Lager zwischen 600 und 4800 Mark, Ende Juli zwischen 8.000 und 64.000 Mark, Anfang September erreichte der Preis die Millionengrenze und lag bei Saisonende im Oktober bei acht Millionen. Fast täglich war der Hüttenträger mit großen Papiergeldbündeln ins Tal unterwegs, die von den Gästen zuvor heraufgeschleppt worden waren. So beschloß man im Winter 1923, die Übernachtungsgebühr einfach an den Bierpreis zu koppeln: für Vereinsmitglieder eine Maß, für Nichtmitglieder drei Maß. Seit etwa 1905 grassierte in Bergsteigerkreisen eine Bewegung wider den Alkohol, die schließlich auch von der Sektion München unterstützt wurde, sehr zum Leidwesen des ersten Wirtes auf dem Münchner Haus, mit Namen Martin Bierpriegel, der es nicht begreifen wollte, daß jemand das „g'färbte Wasserl" einer ordentlichen Maß vorzog. Seit 1925 heißen die Wirte übrigens immer Anselm Barth, derzeit ist der dritte dieses Namens in Amt und Würden. Reibereien zwischen Gästen und Wirten auf den verschiedenen Hütten im Zugspitzgebiet hat es immer gegeben, und wegen des besonderen Ansturms auf unseren Gipfel traten die Probleme gewiß schärfer zutage als anderswo. So hielt ein Tourist die bei der Knorrhütte weidenden Schafe aus der Ferne für Kühe und beschwerte sich bitterlich, daß es auf der Hütte keine frische Milch zu trinken gab. Immer wieder gab es Engpässe in der Versorgung, so bei Wasser und Bier. „Die Touristen wurden in den tieferliegenden Hütten ersucht, ihr Wasser mitzunehmen, doch oft vergebens; oben dann große Aufregung, daß es kein Wasser gab. Konnte einmal Bier oder Mineralwasser heraufgebracht werden, so war dies ein Tropfen auf den heißen Stein. Aus Wut darüber, kein Bier zu erhalten, warf man Gläser und Maßkrüge hinab in die Felsen." So der Jahresbericht der Sektion München von 1919, der sich auch der Frage der Souvenirbeschaffung und des allgemeinen Vandalismus widmet: „In der Angerhütte wurde eine Decke mitgenommen, die gestifteten Maßkrüge mit Zinndeckel wanderten in die Rucksäcke. In allen Hütten verschwanden die neuen Löffel und Bestecke bis auf wenige, im Zugspitzhaus gab es zuletzt nur noch 6 Kaffeelöffel […] Am Abladeplatz […] wurde vieles weggenommen, dem Meteorologen wurde hier eine ganze Kiste Wein ausgetrunken. In der Knorrhütte wurde von einem Touristen, der trotz Verbot im Schlafzimmer kochte, ein Bettkissen verbrannt. Der Übeltäter verschwand."

Insbesondere nach dem Ersten Weltkrieg bürgerte es sich ein, daß „die Hütten vielfach als Sommerfrische mißbraucht wurden und sich die alpinen Ekel und Flegel in ihnen breit machten und den Bergsteigern den Platz wegnahmen". Auch diese Frage ist bis heute nicht schlüssig beantwortet worden: Wo genau die Grenze zwi-

schen Bergsteiger und Nichtbergsteiger verläuft, wem die Berge eigentlich gehören und wer bestimmt, wie man sich im Gebirge aufzuführen hat. So wurde erlassen: „Nur Personen, die tatsächlich Bergtouren ausführen, dürfen länger auf einer Hütte bleiben. Nichtbergsteigern ist ein Aufenthalt von mehr als 3 Tagen (bei starkem Andrang von mehr als 1 Tag) untersagt. Die Hütten sind keine Sommerfrischen." Ist jemand, der es immerhin bis hier herauf geschafft hat, nun ein Bergsteiger oder nicht? So verschärfte sich das Dilemma, das man sich mit dem Bau der Hütte erst eingehandelt hatte.

Seilbahnen en gros, en detail

Die Schweizer waren die ersten. 1891 begann der aufsehenerregende Bau der Bahn aufs Jungfraujoch in den Berner Alpen, und es schien für einige Leute, auch in Bayern, nur logisch, etwas Vergleichbares an der Zugspitze zu unternehmen. Der erste Antrag auf Konzessionserteilung wurde von der Regierung des Prinzregenten Luitpold 1899 allerdings mit der lakonischen Bemerkung abgelehnt: „Es besteht kein Verkehrsbedürfnis."
Doch 1907 erhielt die Lokalbahn München eine befristete Lizenz für den Bau einer Zugspitzbahn; man dachte an eine Standseilbahn mit einem 1,6 km langen Steiltunnel mit 66 % Steigung. Zur Freude der Alpenvereine, die massiv gegen den Plan protestiert hatten, verfiel die Lizenz allerdings; denn es kam nicht genug Geld zusammen.
1909 wurde eine neue Konzession erteilt, diesmal an den in München lebenden österreichischen Ingenieur Josef Cathrein, der eine Seilschwebebahn vom Eibsee über die Riffelwände zum Gipfel vorsah. Doch auch Cathrein fand keine Geldgeber; und die Realisierung dieser Idee mußte bis 1963 warten. Die dritte Lizenz, 1914 an eine Schweizer Ingenieursgruppe vergeben, die eine Art Jungfraujochbahn-Kopie plante, verfiel infolge der Zeitläufe, die dem Land Krieg, Inflation und wirtschaftlichen Ruin bescherten (wenn man nicht annimmt, daß das Land oder jedenfalls der Landesherr sich diese Dinge 1914 selber eingebrockt hatte). 1923 stellte das bayerische Innenministerium fest: „Vom Standpunkt des Naturschutzes bestehen erhebliche Bedenken gegen die Genehmigung des Gesuchs."
Die Sektion München, stolze Erbauerin zahlreicher Hütten und Wege im ganzen Gebiet, wollte hier nun einen Riegel vorschieben: „Die zunehmende Zerstörung landschaftlicher Schönheit, Vernichtung von Naturdenkmälern, Ausrottung von Tieren und Pflanzen, kurz die durch den Eigennutz des Menschen herbeigeführte Verarmung und Verödung der Landschaft erfüllte die Naturfreunde mit Sorge, wie es wohl in fünfzig, in hundert Jahren in unserem Vaterlande aussehen möchte [...] Wir lehnen die Bergbahnen ab, weil sie dem Gebirge die Größe und Erhabenheit nehmen. Wir lehnen sie ab, weil sie

Blick von der Zugspitze auf Hohen Kamm

Menschen hinaufbringen, die keine Fühlung mit den Bergen haben, und weil das böse Beispiel des Wettersteins bald überall Nachahmung finden wird." Bei der Generalversammlung des DÖAV 1924 wurde mit einstimmigem Beschluß der Antrag der Sektion München, gegen den Bahnbau zu protestieren, angenommen. Der Reinheitsgedanke, der sich hier in Sachen Natur und würdige Verbraucher derselben äußert, fand auf dieser Generalversammlung übrigens auch noch in der Verabschiedung des unseligen Arierparagraphen seinen Ausdruck, was zu der Bemerkung Anlaß gibt, daß die Zerstörung von Natur, Kultur, Menschen, Tieren, Moral und allem erdenklich sonstigen, die bald darauf von diesem Land ihren Ausgang nahm, die gesamte „Zerstörung", die die alpine Umwelt seit damals zu erleiden hatte, als vernachlässigenswert erscheinen läßt.

Während man sich in Deutschland solcherart Gedanken machte und Resolutionen verabschiedete, war man im benachbarten Tirol ohne Federlesens zur Tat geschritten. Die Tiroler Zugspitzbahn wurde nach nur 14 Monaten Bauzeit am 5. Juli 1926 eröffnet. Die 3360 m lange Bahn überwand mit fünf Stützen 1580 m; die Bergstation befand sich etwas unterhalb des Westgipfel-Westgrats in 2805 m Höhe. Dort ent-

Maibaum auf "Sonn Alpin", rechts darüber der Zugspitzgipfel

stand auch das „Kammhotel", damals „Österreichs höchstes Hotel".

1928 wurde es auch an der Nordseite ernst. Die neu gegründete Bayerische Zugspitzbahn AG wollte den Bau – man war nun wieder bei dem Projekt einer Zahnradbahn gelandet – bis zu den Oberammergauer Passionsspielen 1930 fertiggestellt haben. Und man ging mit allen zu Gebote stehenden Mitteln ans Werk; der Vergleich zur militärischen Großoffensive drängt sich auf. 85.000 m³ Erde und 160.000 m³ Fels mußten bewegt werden; man veranschlagte 200.000 kg Sprengstoff. Der Tunnel wurde an drei Stellen gleichzeitig vorgetrieben; eine ganze Kette von Hilfsseilbahnen mußte angelegt werden. Auf der Materialseilbahn zwischen Eibsee und Riffelriß wurden vom 1. Oktober 1928 ab über 100.000 Personen befördert. Jeder Meter der Riffelwand wurde mit Haken, Drahtseilen und Eisenklammern abgesichert, im Fels entstanden Kavernen, in denen in hölzernen Behelfsgebäuden die Arbeiter untergebracht waren. Im April 1929, als das vierte Tunnelfenster auf 2400 m Höhe „eröffnet" worden war, waren im Riffelriß an die achthundert Arbeiter stationiert.

Am 1. Juni 1929 kam es zum ersten schweren Unfall. Im Tunnel, oberhalb von Fenster IV, stürzte der Berg in sich zusammen und begrub sechs Arbeiter unter sich. Zwei davon starben. Am 5. Dezember 1929, als der Vortrieb nur noch dreihundert Meter vom Endpunkt am Platt entfernt war, brach in der Kantine ein Brand aus, der so schnell um sich griff, daß er bald auch von Garmisch aus zu sehen war. Während die Männer, die dort oben beim Fenster IV in der Falle saßen, sich außerhalb eines kleinen Notfensters an die Wand klammerten, schickte man vom Riffelriß eine Seilbahnkiste mit Rettungsmaterial nach oben. Doch das glühende Drahtseil riß, und Feuerlöscher, Gasmasken und alles andere zerschellten am Fuß der Riffelwände. Zudem wütete ein Föhnsturm, der durch das Tunnelfenster wie ein Blasebalg wirkte und die Kantine und die Unterkünfte lichterloh brennen ließ. Zwei der Männer kamen ums Leben: der Hilfsarbeiter Peter Beil, der versuchte, nochmals in den Schlafraum zurückzugelangen, wo sich seine ganzen Ersparnisse befanden, sechshundert Mark, und nicht mehr zurückkonnte, und der Ingenieur und Bauführer Ludwig Tausendpfund beim Versuch, in Panik geratene Arbeiter aus den Baracken zu retten.

Eine Woche später machte man weiter. Am 8. Februar 1930 wurden die letzten Sprengladungen von den Ingenieuren selbst angebracht, und um 2.55 Uhr öffnete die letzte Sprengung den Weg aufs Zugspitzplatt. Am 8. Juli fuhr der erste

Zug. Vor der Eibsee-Station hatte man einen Altar errichtet. Erzbischof Kardinal Faulhaber weihte die Bahn ein und hielt eine Predigt, die unter dem sinnigen Motto „ascendi te", steige empor, stand.

Moderne Zeiten

Am 20. Januar 1930 wurde das Sporthotel Schneefernerhaus auf 2650 m Höhe am Rand des Schneeferners eröffnet. Die Berliner „BZ am Mittag" schrieb: „3000 Meter hoch mit Warmwasser, Rentieren, Cocktails und Polarhunden [...] Das Publikum ist bereits recht international. Eine Familie aus Java, eine große englische Gesellschaft, ein französisches Pärchen. Sie sind nicht hundertprozentig verheiratet, und der Mann fragt dauernd: Was sagst du dazu, chérie? Chérie ist restlos begeistert wie alle andern und läßt sich erklären, wieviel der Bau gekostet hat. 20 Millionen – sapristi! Der Friseur ist sehr stolz darauf, höchster Friseur Deutschlands zu sein. Er hat ununterbrochen zu tun, rasiert, onduliert und fettet die Gesichter zum Schutz gegen die Höhensonne ein." Zehn Tage später wurde die Gipfelseilbahn in Betrieb genommen. Die publikumswirksamen Veranstaltungen mit Polarhunden und Rentieren fanden bald ein gewissermaßen natürliches Ende: den Tieren war die Luft zu dünn.

Der rasch in Mode gekommene und immer breitere Kreise erfassende Skisport fand hier auf dem garantiert schneesicheren Gelände des Zugspitzplatts ein ideales Betätigungsfeld.

Die Zeit nach 1945, als Bahnen und Haus von den Amerikanern beschlagnahmt waren, entlockt den Chronisten der Zugspitze mürrische Töne, die Zeit kurz davor, deren Folge jene Beschlagnahme war, wird hingegen mit vornehmem Stillschweigen bedacht, so daß wir nicht sagen können, welche bedeutenden Persönlichkeiten des Großdeutschen Reiches dessen höchstem Punkt die Ehre erwiesen und womöglich anfeuernde Worte an das Volk gefunden haben, um dieses zu weiterem Ausharren und dem Hinauszögern der endlich doch unvermeidlich gewordenen Einbindung in die Welt der Freiheit und Demokratie zu bewegen.

Die Tiroler Zugspitzbahn, die 1937 in Konkurs gegangen und von der bayerischen aufgekauft worden war, wurde 1952 durch Staatsvertrag entschädigungslos den Tirolern zurückgegeben; in der Folge wurde sie mehrfach modernisiert. 1962 brannte das Kammhotel völlig nieder. Ende 1962 wurde die Seilschwebebahn von der deutschen Seite fertiggestellt. Die Jungfernfahrt am 1. Dezember verlief nicht ganz störungsfrei: die Kabine mit mehreren bedeutenden, heute allerdings schon vergessenen Politikern und einem Weihbischof blieb unterwegs wegen einer Fehlbremsung stecken. Auch der zweite Versuch am 15. Dezember schlug fehl: der Sturm hatte die vereisten Seile übereinandergeschlagen. Seither allerdings verkehrt die Bahn störungsfrei. 1964 wurden auf österreichischer Seite die Gipfelbahn und 1965 das neue Gipfelhotel in Betrieb genommen; seither ist vom Westgipfel insgesamt nicht mehr viel zu sehen. 1985–87 erfolgte der Bau einer neuen Zahnradbahn mit neuem Tunnel und neuer Endstation, nun auf 2588 m auf dem Zugspitzplatt, und dem Selbstbedienungsrestaurant mit dem schönen Namen Sonn Alpin (1989 eröffnet). So kann die nach wie vor nicht abnehmende Zahl der Skiläufer direkt an ihr Ziel gelangen, und das Sonn Alpin, das nach den Worten der Betreiber sich „auf dem Zugspitzplatt gut eingefügt hat und auch vom Optischen her recht passend konzipiert wurde", beinhaltet nicht nur ein großes Selbstbedienungsrestaurant im Stil der Zeit, sondern auch Räume für Tagungen und Versammlungen, für die mit dem Slogan „Top of Germany – die Gipfelkonferenz: außergewöhnlich / attraktiv /

Blick vom Zugspitzgipfel auf Lechtaler und Ammergauer Alpen

mit hohem Erinnerungswert" geworben wird. Das Angebot umfaßt im übrigen auch „zünftig-bayerische Hüttenabende mit einer ur-bayerischen Schmankerlpromenade", was für die zahlreich unter uns weilenden Kritiker solcher Modernisierung oder Postmodernisierung des Tourismus buchstäblich schwere Kost bedeutet, wiewohl ihr Leben ohne solche Kost gewiß grau und eintönig verlaufen würde. Dazu kommt etliches andere, was das Herz möglicherweise begehren könnte, wie Ausstellungsräume, ein Multivisionsraum, in dem ständig ein Film über die Zugspitze läuft, ein Baby-Wickelraum und, was den jüngsten Chronisten, Robert Eidenschink, aus irgendeinem Grund besonders stört, ein Bankomat.

Die Idealvorstellung, zugleich auf Deutschlands höchstem Berg und mutterseelenallein „in der Natur" sein zu können, ist allerdings schon vor hundert Jahren illusorisch gewesen, und ist es heute mehr denn je.

Walter Klier

Skitour auf den Krottenkopf im Estergebirge, südlich über dem Nebelmeer liegen Wank und Wettersteingebirge.

*Wie Inselberge in der Antarktis erscheint das
Estergebirge von der Zugspitze aus.*

Höllentalabwärts ist schöner

◁ *Bergahorn im Höllental*

Gemälde von Ernst Platz um die Jahrhundertwende. Es zeigt das „Brett", die schwierigste Passage des Anstieges auf die Zugspitze durch das Höllental.

Ich rate Dir, lieber Leser, den Zugspitzgipfel im Abstieg zu begehen, höllentalabwärts. Ich rate es Dir aus Erfahrung. Schau, wie wenig Lustgewinn Dir zum Beispiel der Zugspitzgipfel höllentalaufwärts bringt: Von Hammersbach sind es 2.200 Höhenmeter. Du mußt früh aus den Federn, drei Uhr aufstehen möcht schon sein. Oder Du mußt auf der vollen Höllentalangerhütte übernachten, was noch unangenehmer ist. Und dann stiefelst Du sieben oder acht Stunden inmitten einer schwitzenden Meute bergan. Vor Dir den dampfenden Hintern eines spuckenden Landshuters, hinter Dir zwei muntere Plauderer aus Celle, die bis zum Zugspitzgipfel den Hallenbelegungsplan für die nächste Hannover-Messe aufstellen müssen.

Wieviel schöner hast Du's höllentalabwärts, lieber Leser! Du kannst zu Hause noch etwas ausschlafen, in Ruhe Deinen Kaffee trinken, im späten Morgenlicht ins Werdenfelser Land rollen, gemütlich mit der Kabine auf den Gipfel schaukeln. Du kannst ruhigen Atems eine dunstfreie Sicht genießen, einen zünftigen Frühschoppen mit Weißbier und Weißwurst zelebrieren, und dann erst packst Du's – höllentalabwärts!

Na schön, wirst Du sagen, lieber Leser, das wäre ja ganz lustig und sicher nicht zu verachten. Aber, wo bleibt das Erfolgserlebnis, die alpine Befriedigung? Lieber Leser, spätestens am „Brett" wirst Du Deine Erfolgserlebnisse nicht mehr zählen können! Und nicht erst an der Höllentalangerhütte wird Deine alpine Befriedigung ein Höchstmaß erreicht haben!

Paß auf: Schon bald nach der Irmerscharte wirst Du den ersten Zugspitzlern begegnen. Klein und häßlich werden sie sein, verschwitzt, verstaubt, am Ende ihrer Kräfte. Du aber bist der Größte, denn Du bist frisch und munter und kommst von dort her, wo die anderen erst noch hinmüssen. Du wirst ihr Leiden lindern durch den gelassenen Hinweis, daß es nur noch „a knapps Schtunderl!" sei. Du wirst ihnen gönnerhaft bestätigen, daß sie „dös Schlimmste" jetzt schon hinter sich hätten. Und so weiter. Du wirst der Größte sein. Denn, wer von dort herkommt, wo die anderen erst hin müssen – der ist immer der Größte, ganz gleich, wie er da hingekommen ist, wo er herkommt.

Du wirst alpine Befriedigung löffelweise schlukken, lieber Leser. An der Randkluft, wenn man Dich um Auskunft über die kommenden klettertechnischen Schwierigkeiten bittet. Auf dem Moränensteig, wenn man an Deinem Mund hängend ein „Nein" auf die Frage erwartet, ob man unbedingt Eisen und Pickel brauche. Auf dem

Herbststimmung unter dem Kleinen Waxenstein

„Grünen Buckel", wo Du späten Zugspitzanwärtern Umkehr empfiehlst. Bei „Brett" und „Leiter", wo morgige Zugspitzler mit Helm, Sitzgurt und Klettersteigset schon mal üben. Und Deinen Abendbrotaufenthalt vor der Höllentalangerhütte, lieber Leser, den wirst Du genüßlich ausdehnen und den Anwärtern mit dem Timbre des Schon-durchs-Feuer-Gegangenen die Fährnisse des Zugspitzaufstiegs beschreiben. Sehr spät erst wirst Du gehen, lieber Leser, und mir recht geben: Höllentalabwärts ist schöner!

Bei Deinem späten Weg ins Tal wirst Du zurückdenken, lieber Leser, an die Vielfalt von Menschen gemachter Bauwerke und Einrichtungen, welche Du am Morgen auf dem Gipfel wahrgenommen hast. An Stahlträger und -roste wirst Du denken, an futuristische Wandflächen, welche turmbaubabelmäßig über die natürlichen Höhen hinaufstreben. An Antennen wirst Du Dich erinnern, an Parabolspiegel, Drähte, Rolltreppen, automatische Türen, summende Aufzüge, plärrende Lautsprecher und so weiter. Aber Du wirst Dich jetzt nicht darüber ärgern, jetzt bei Deinem gemächlichen Schlenkern ins Tal. Du hast es hinter Dir – und mit jedem lockeren Schritt, den Du gehst, entfernst Du Dich ein Stück von dem Kuddelmuddel auf dem Zugspitz-Top. Mitleidig wirst Du an die denken, die das morgen noch vor sich haben, und zwar aufwärts! Mit jedem anstrengenden, quälenden Schritt werden sie ihrem ersehnten Ziel zwar näher kommen, aber nur, um beim Erreichen desselben nach Augenbinden und Ohrenstöpseln zu verlangen. Vielleicht auch noch nach Nasenklammern. Ich schlage vor, diese Geräte mit dem Aufdruck „Höllentalabwärts ist schöner" zu versehen.

Franz Xaver Wagner

Die Höllentalklamm beginnt in 1000 Meter Höhe. Der vom Höllentalferner abfließende Hammersbach fraß sich durch die Gesteinsmassen zwischen Alpspitze und Waxenstein.

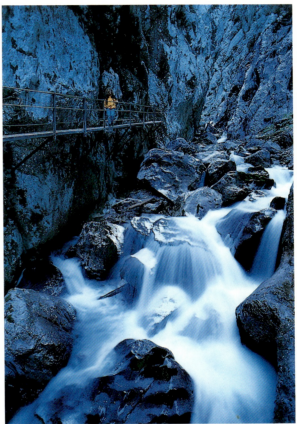

Es ist wirklich ein Erlebnis, diesem einen Kilometer langen Klammweg – links und rechts hohe Felsmauern, brodelndes Wasser unter sich – durch schmale Tunnels und über endlos viele Stufen zu folgen.

Die Partnachklamm aus drei verschiedenen Blickwinkeln gesehen.

Sie wurde erst 1912 als Naturdenkmal erschlossen. Den ziemlich schwierigen Ausbau der 80 Meter tiefen Schlucht, es mußten teilweise Tunnels gesprengt werden, übernahm die Alpenvereinssektion Garmisch-Partenkirchen.

Klammen im Wetterstein

An drei Stellen im Wettersteingebirge hat das zu Tal fließende Wasser tiefe, enge Schluchten in das Gestein geschnitten.
Die Leutaschklamm, mit 200 Metern Länge die kürzeste Klamm, entstand, weil sich die Leutascher Ache einen Weg zwischen Arnspitzen und Wettersteingebirge schuf. Am Ende der Schlucht fällt das Wasser des Gebirgsbaches über eine 20 Meter hohe Felswand. In den Sommermonaten verschönt ein prächtiger Regenbogen den Wasserfall.
Der Weg durch die Höllentalklamm führt durch 12 Tunnels. Man ist 45 Minuten unterwegs und steigt 120 Höhenmeter. Im Winter ist die Klamm gesperrt. Die Schneemassen von sechs Lawinenzügen stürzen in die Felsenge und verursachen jedes Jahr einige Schäden.
Die Partnachklamm zählt zu den eindrucksvollsten Naturattraktionen im Wetterstein. Durch eine 200 Meter tiefe Klamm gurgelt und windet sich das schäumende Wasser der Partnach. Schon in alter Zeit wurde Holz durch die 700 Meter lange Klamm zur Lände in Partenkirchen getriftet. Verkeilten sich die Baumstämme, die zu meterlangen Stücken zersägt wurden, mußten sich die Holzarbeiter in die Schlucht abseilen, um das Holz wieder in Fahrt zu bringen. Dies war ein ziemlich gefährliches Unterfangen. 1885 wurde nach einem verheerenden Windwurf im Partnachtal ein Triftsteig in der Partnachklamm angelegt. 1912 wurde dieser Steig für die touristische Nutzung ausgebaut.

Geologie
Ein Gebirge entsteht

Wetterstein- und Mieminger Gebirge sind Teil der Nördlichen Kalkalpen, deren steile Wände, schmale Grate und schroffe Gipfel hauptsächlich aus hellgrauem Wettersteinkalk, dunkelgrauen Partnach-Schichten und graubraunem Hauptdolomit aufgebaut sind. Entstanden ist das Gestein aus Meeresablagerungen in der Trias-, Jura- und Kreidezeit. Vor etwa 100 Millionen Jahren begann das Meer abzufließen und die Alpen begannen sich zu entwickeln. Die mächtigen Schichten der Meeresablagerungen wurden und werden immer noch unendlich langsam zusammengepreßt, gefaltet und übereinandergeschoben. Da der Entstehungsprozeß noch nicht abgeschlossen ist, wird die Zugspitze in ferner Zukunft vielleicht sogar die Dreitausendmetergrenze überschreiten.

Vor rund einer Million Jahren begannen sich die Berge in ewigen Schnee zu hüllen. Durch das Inntal wälzte sich ein großer Eisstrom, der bis zu 1500 Meter mächtig war. Seitenarme schoben sich über den Seefelder Sattel und das Loisachtal nach Norden und schlossen das Gebirge ein. Von der Zugspitze selbst schoben sich kleinere Gletscher – Hölltalferner und Schneeferner gibt es heute noch – in Richtung Alpenvorland. Das Eis formte Trogtäler wie das Reintal unterhalb des Schneeferners, es schliff Felswände und ließ Geröllhalden und Moränen zurück. Da die Haupttäler durch die großen Gletscherströme tiefer ausgefurcht wurden als die Nebentäler, entstanden an deren Talmündungen oft steile Abbrüche, in die sich herabstürzende Bäche einsägten und so z.B. die Partnach- und die Höllentalklamm schufen. Viermal dehnte sich das Eis über das ganze Alpenvorland aus, begrub bis zu einer Höhe von 2000 Metern alles unter sich und gab Wetterstein- und Mieminger Gebirge ein völlig neues Gesicht.

Angelika Zak

Felsabbrüche am Hohen Gaif

BERGBAU
SCHATZSUCHE IM WETTERSTEIN

Knappen im Höllental

Man nimmt an, daß im Wettersteingebirge schon während der Römerzeit in kleinen Mengen Eisenerz im Tagebau abgebaut wurde. Im Mittelalter begannen die Menschen – trotz ihrer Furcht vor dem Zorn der Berggeister – auf der Suche nach Silber, Eisen und Blei vielerorts Stollen in die Berge zu treiben. Man schürfte am Waxenstein, am Gaifkopf, am Kramer und am Heimgarten. Dort soll sogar Gold gefunden worden sein. Die umfangreichsten Schürfungen und Stollen gab es allerdings im Höllental. 1470 wurde der Familie Hammersbach das Schürfrecht für das Höllental verliehen. Sie betrieben Blei- und Zinkbergbau und besaßen ein kleines Schlößchen am Fuße der Höllentalklamm. Heute ist Hammersbach ein Ortsteil von Grainau und an der Stelle des ehemaligen Schlößchens steht eine Kapelle. Obwohl der Bergbau zur damaligen Zeit eine ziemliche Schinderei war und die Ausbeute oft nur dürftig ausfiel, arbeiteten fast 500 Jahre lang Menschen in den finstern, nassen Stollen im Höllental. Die „Knappenhäuser" am Weg zum Hupfleitenjoch zeugen noch heute von dieser Zeit. Im „Erztal" baute man mit vielen Unterbrechungen bis 1795 immer wieder Eisenerz und Schwefelkies ab. Im 18. Jahrhundert wurde unter den Knappenhäusern Blei und Galmei abgebaut. Es wurden Förderanlagen, Brücken, Gleisanlagen und sogar ein kleines Kraftwerk errichtet. Als entdeckt wurde, daß das im Höllental geschürfte Gelberz Molybdän enthielt, wurde der Bergbau wieder verstärkt betrieben. Molybdän war damals für die Rüstungsindustrie ein wichtiger Rohstoff für die Herstellung von Stahl. Nach dem Ersten Weltkrieg brauchte man keine Kanonen mehr und die moderne Stahlherstellung kam ohne Molybdän aus. So begannen die Bergwerksanlagen zu verfallen. 1934 erlosch auch die Genehmigung für die Bleigrube. Geblieben sind die Knappenhäusern, von denen man eine prächtige Aussicht hinüber auf den Höllentalferner, zur Zugspitze und zum Waxenstein hat.

Angelika Zak

Franz Fischer
Legendärer Hüttenwirt im Oberreintal

◁ *Unterhalb der Türme des Oberreintales liegt die kleine Oberreintalhütte.*

Franz Fischer

Ich weiß noch genau den Tag, ein frühsommerlicher, herrlicher Samstag im Juni 1966. In England fand die Fußballweltmeisterschaft statt und das Spiel Deutschland gegen Uruguay wurde im Fernsehen übertragen. Ich stieg zum Gimpelhaus in den Tannheimer Bergen auf.

Schon von weitem sah ich, daß jemand an der Holzbrüstung der Terrasse stand und talwärts schaute. Als ich näher kam, verschwitzt stehenblieb und hochschaute, vernahm ich ein freundliches „Auf geht's!" Ich erkannte einen älteren Mann mit wettergegerbtem Gesicht, zurückgekämmtem Haar und schmalen Schultern. In der einen Hand hielt er eine Flasche Bier, in der anderen qualmte eine Zigarette. Breite gestickte Hosenträger zierten ein rotes, grob kariertes Hemd. Auf der Terrasse angekommen, begrüßte ich ihn meinerseits, nicht ahnend, daß dies meine erste Begegnung mit Franz Fischer war.

Zwei Monate später lernte ihn auch mein zwei Jahre jüngerer Bruder Siggi kennen. Er hatte mit einem Freund in der Nähe der Hochwiesler Südwand gezeltet und war von einem Wettersturz überrascht worden. Da ihre ganze Ausrüstung naß geworden war, fragten sie auf dem Gimpelhaus nach, ob sie ihre nassen Sachen trocknen könnten. Der Hüttenwirt Adalbert aber sah damals Bergsteiger, die zelteten, nur ungern. Er schickte sie zur Tannheimer Hütte. „Geht's nur zum Fischer Franze", meinte er. Dort wurden die 15jährigen vom Hüttenwirt Franz Fischer empfangen, der sich in alter Manier sofort der Burschen annahm. Er trocknete ihnen ihre Sachen, lieh ihnen trockene Wäsche und beherbergte sie. Da er ihren mageren Geldbeutel sah, spannte er Siggi und Paul als Träger ein, damit sie ihre Unterkunft abarbeiten konnten. Als die beiden von ihrem Bergurlaub nach Hause kamen, erzählten und schwärmten sie vom Franz Fischer, der sie so einmalig aufgenommen hatte. Franz Fischer war bald ein Begriff bei uns jungen Kletterern im oberschwäbischen Raum und auch bei vielen anderen Neueinsteigern.

Ende September 1966 weilte ich selbst erstmals auf der Tannheimer Hütte und lernte Franz Fischer näher kennen. Viele seiner zahlreichen Gäste sprachen vom Oberreintal und tauschten alte unvergessene Geschichten aus. Mir wurde bewußt, daß der Franz wohl eine ganz besondere Persönlichkeit sein mußte. Untrennbar ist sein Name mit dem Oberreintal verbunden.

Das Oberreintal lernte Franz Fischer Anfang der zwanziger Jahre kennen. Heini Schneider aus München, Skispringer und Kletterer, lud ihn in die einfache Bockhütte im Reintal ein, die dem privaten alpinen Kletterclub „Hoch-Empor" in München gehörte. Dort trafen sich jedes Wochenende Mitglieder des Clubs, darunter waren damals Leute mit so klingenden Namen

Franz Fischer und Karl Gottmann in den fünfziger Jahren

wie Anderl Heckmair, Emil Solleder, Leo Rittler, Franz und Toni Schmid. Seine erste eindrucksvolle Route kletterte Franz zwar nicht direkt im Oberreintal, dafür aber am Großen Hundsstallkopf über dessen Südgrat. Von dort stieg er ins Oberreintal ab und lernte so zum ersten Mal das Reich der Türme mit seiner kleinen Selbstversorgerhütte kennen.

Zehn Jahre später wurde diese Hütte zu seiner Heimat. In der Zwischenzeit kletterte er fast alle gängigen Routen im Wetterstein, darunter die Direkte Schüsselkar-Südwand. Er hielt sich in den Dolomiten auf, fuhr in den Wilden Kaiser, wo ihm die erste Winterdurchsteigung der Fleischbank-Ostwand gelang, half Hüttenwirten beim Holzen und arbeitete als Chauffeur. Anfang der dreißiger Jahre lernte er auf der Reintalangerhütte die Hüttenwirtstochter Resi Lipf kennen. Um in ihrer Nähe zu bleiben, bewarb er sich bei der Alpenvereinssektion Garmisch-Partenkirchen als Hüttenwirt im Oberreintal. Er bekam die Stelle und heiratete Resi. Während Franz im Oberreintal die Kletterer versorgte, wohnte Resi mit den ersten beiden Kindern drunten in Grainau.

Der damals 28jährige Franz war zu dieser Zeit einer der führenden deutschen Skisportler. Der erste hauptamtliche Wirt im Oberreintal zu sein, verlieh ihm ohne Zweifel noch mehr Selbstvertrauen, und so wurde er zur uneingeschränkten Autorität, die dem Oberreintal-Alltag ihren ureigenen Stempel aufdrückte und eine unnachahmliche Hüttenatmosphäre schuf. Als gelernter Bäcker war er es gewohnt, früh aufzustehen. Mit seinem Zitherspiel gab er ein Morgenkonzert, und auch abends zauberte er damit so manche gemütliche Stunde herbei. Meisterhaft verstand er es, Bohnenkaffee zu brauen. Sein Lieblingsgetränk servierte er in Porzellantassen, die nur für diesen Zweck verwendet werden durften. Und er war ein ausgezeichneter Koch. An seinen Herd durfte kein anderer hin. In Notzeiten wurde aus allem Mitgebrachten abends ein herrliches Gemeinschaftsmahl kreiert. Für das Zubereiten eines Mahles aus den mitgebrachten Zutaten verlangte er damals pro Person 50 Pfennig. Hatte einer nicht genügend Geld für Kost und Logis, so konnte er mit Trägerdiensten dafür aufkommen.

Franz sorgte sich aber nicht nur um das leibliche Wohlergehen seiner Gäste. Kehrten einige von ihrer Tour nicht rechtzeitig zurück, so stellte er sich oft mit seinem „Zuaweziager" (Fernglas) vor die Hütte und beobachtete die Kletterer in den verschiedenen Routen. So manchem, der sich verstiegen oder durch einen Sturz verletzt hatte, konnte er helfen. Im Herbst 1935 sah er z.B., wie ein Kletterer in der letzten Seillänge der Zundernkopf-Ostwand stürzte. Das Seil riß und der Unglückliche stürzte über die ganze Wand. Hilflos hing der Seilzweite am Stand. Obwohl sich noch andere Seilschaften in der Wand befanden, machte sich Franz mit Hans Hintermeier sofort auf den Weg, um dem jungen Burschen zu helfen. Hans erzählte später, wie liebevoll Franz den jungen Burschen moralisch

Wie die Kletterer gehörten seit jeher die Schafe zur Oberreintalhütte.

Franz Fischer inmitten einer gemütlichen Hüttenrunde

zu. In der letzten Seillänge brach Franz ein gewaltiger Block heraus. Um nicht von diesem erschlagen zu werden, sprang er aus der Wand und krachte nach einem 50-Meter-Sturz auf ein Band. Trotz seiner schweren Verletzungen – vierfacher Unterschenkelbruch, Schädelbruch, mehrere Rippen und ein Oberarm waren gebrochen, dazu kam noch eine Lungenverletzung – führte er die Tour zu Ende, da sein Verantwortungsgefühl es nicht zuließ, seinen Kameraden im Stich zu lassen. Normalerweise braucht man für die letzte Seillänge zehn Minuten, Franz benötigte sechs Stunden und brachte seinen Begleiter wohlbehalten zum Gipfel. Dort brach Franz Fischer bewußtlos zusammen. Tragisch war, daß sein Kamerad, der von der Reintalangerhütte eine Trage holen wollte, beim Abstieg tödlich verunglückte.

Doch nun zum Ursprung des berühmt-berüchtigten Oberreintalgrußes! An einem Sonntag im Sommer 1928 begingen Anderl Heckmair und Hans Ertl erstmals die Oberreintalturm-Nordostwand. Drüben am Zundernkopf war Franz Fischer mit seinem Kletterspezi in der Alten Ostwand unterwegs. Am Nachmittag kamen beide Seilschaften in Gipfelnähe. Ganz urplötzlich schallte es vom Zundernkopf zum Oberreintalturm herüber. „Hei mi leckst am Oasch!" Der Anderl und der Hans erkannten die Stimme vom Franz und gaben unverzüglich in trockenstem Bayerisch zurück: „Hei und Du mi a!" Seither ist dieses Goethezitat aus dem „Götz von Berlichingen" der gebräuchliche Gruß unter den Oberreintalkletterern. Abgekürzt als H.m.l.a.A. fand es Eingang in Liedern, eignete sich für Zeichnungen, diente in Möbelstücken als Schnitzerei und in Zinntellern als Gravur.

Und wie der Franz einen schmerzenden Zahn los wurde, wird auch immer wieder erzählt, denn er tat's vor breitem Publikum. Es war an einem Wochenende im Oberreintal, und den Franz

wieder aufgerichtet habe, die in der Nähe befindlichen Seilschaften aber habe er fürchterlich geschimpft, weil sie rat- und tatlos daneben gestanden hatten.
Ein besonders dramatisches Ereignis trug sich 1932 in der Südwand des Kleinen Kirchturms

Fasching auf der Stuibenhütte

plagte fürchterliches Zahnweh. Natürlich gab es keinen Zahnarzt weit und breit. Außerdem wurde der Franz ja gerade am Wochenende notwendig gebraucht. Kurzentschlossen band er sich eine starke Schnur um den Peiniger in seinem Mund und legte einen Mastwurf um die Klinke der Hüttentür. Dann knallte die Tür, das markante Oberreintalecho hallte von den Wänden – der Zahn war draußen. Die Kletterer quittierten seinen Mut mit Bewunderungsrufen. Franz ging her, goß sich einen doppelten Obstler ein und desinfizierte den Mund auf diese Weise.

Als Schlechtwettersport führte Franz Fischer den Münchner Arbeitslosensport, das sogenannte „Starzen oder Platschgen", eine Variante des Boccia-Spiels, im Oberreintal ein. Man teilte sich in zwei Mannschaften, und jeder Mitspieler versuchte, herausgestanzte Eisenplatten oder flache Steine durch einen gezielten Wurf möglichst nahe an ein ca. 15 Meter entferntes Holzscheit zu plazieren. Und besonders beliebt bei allen Kletterern waren der feuchtfröhliche Oberreintalauftrieb im Mai und der Abtrieb im Oktober unter seiner Leitung.

Trotz all seiner liebenswerten Eigenschaften war der Franz kein Heiliger. Er genoß es, im Mittelpunkt zu stehen. Das Oberreintal wurde zu seiner Bühne. Seine Gäste waren sein Publikum, das er bezauberte und in seinen Bann zog. Dort oben war er der uneingeschränkte König, während seine Frau Resi drunten im Tal mit einer wachsenden Anzahl von Kindern und einer immer schwieriger werdenden finanziellen Lage fertig werden mußte.

Mit dem Ausbruch des Zweiten Weltkrieges verließ Franz im Herbst 1939 dann das Oberreintal und zog mit seiner Familie auf das Herzogstandhaus um. Sein Stiefvater Korbinian Steingraber war als Sozialdemokrat ins Netz der SA geraten und ins Konzentrationslager nach Dachau gebracht worden. Mit dem Argument, daß er dringend für den Hüttenbetrieb gebraucht würde, gelang es der Familie, ihn freizubekommen. Zudem wurde Franz auf dem Herzogstand als Soldat der Luftwache eingesetzt. Trotzdem mußte er später als Soldat nach Frankreich und erlebte schließlich das Ende des Krieges in Südtirol. Nach seiner Heimkehr bewarb er sich ein zweites Mal für die Stelle des Hüttenwirtes auf der Oberreintalhütte. Das Herzogstandhaus war unrentabel geworden. Seine Familie hatte sich wieder um zwei Kinder auf nunmehr fünf vergrößert. Diese wollten versorgt sein. Da jedoch die Sektion Garmisch-Partenkirchen bereits Martl Brych als Hüttenwirt eingesetzt hatte, arbeitete Franz zunächst beim Bergrettungsdienst der amerikanischen Besatzung. Als im Winter 1948 Martl Brych seinen Rücktritt bekanntgab, war der Weg für Franz frei, weitere

Franz Fischer vor der Stuibenhütte, die er während der Wintermonate bewirtschaftet hat

Oberreintalabtrieb 1938

sechs Sommer an seinen geliebten Platz zurückzukehren. Schließlich wurde Franz Fischer durch die wirtschaftliche Not der Familie gezwungen, endgültig Abschied von der Oberreintalhütte zu nehmen und die wesentlich einträglichere Hörnlehütte bei Bad Kohlgrub im Frühsommer 1954 als Familienbetrieb zu übernehmen. Zwölf Jahre lang wirtschaftete er dort mit seiner Frau, die, tüchtig wie sie war, während dieser Zeit das Geld für ein Häuschen in Ohlstadt ersparen konnte. Kaum daß Resi und Franz gemeinsam in ihrem Ohlstädter Heim zusammenlebten, wurde es Franz zu eng. Schon im Mai 1966 übernahm er die Tannheimer Hütte im Tiroler Außerfern. So kehrte Franz bis kurz vor seinem Tod im November 1975 noch einmal in die Kletterwelt zurück.

Als er noch lebte, besuchte ich Franz Fischer jedes Jahr im Januar anläßlich seines Geburtstages in Ohlstadt. Unter anderem erzählte er mir, daß er einmal seine Erinnerungen in einem Buch mit dem Titel „Bergsteiger ohne Maske" niederschreiben wolle. Dazu kam es leider nicht mehr. An Pfingsten 1979 übernahm ich als sein elfter Nachfolger, für mich selbst ziemlich überraschend, die Oberreintalhütte. Diese war kurz nach seinem Tod in „Franz-Fischer-Hütte" umbenannt worden. Je enger meine Beziehung zum ehemaligen Reich Franz Fischers wurde, um so mehr konnte ich verstehen, was er mit seinem Buchtitel hatte sagen wollen: Daß Menschen nach einem langen Marsch, nach einer schweren Tour oder auch nach einem Glas Wein oder einer Flasche Bier in der Geborgenheit einer kleinen Berghütte ganz unverfälscht – eben ohne Maske – vor einem stehen.

Charly Wehrle

*Peter Janschek in der „Fahrradlkant'n"
(Schwierigkeitsgrad 5-), Oberreintalturm*

Heinz Zak in der Route „Rumpelröschen"
(Schwierigkeitsgrad 7+), Oberreintaldom

Hei mi leckst am Arsch
Eine Geschichte von den guten alten Zeiten

◁ *Nur im Herbstlicht wirken die Pfeiler am Oberreintaldom wie Orgelpfeifen.*

Schnitzerei in der Bank vor der Oberreintalhütte

Es war wieder tief in der Nacht, als ich aus dem Wald den lichten Ahornboden betrat und die Abzweigung hinauf zum Schachen passierte. Der Lichtkegel meiner Stirnlampe traf zielstrebig das Schild am Wegesrand, und obwohl ich den Spruch, der darauf stand, auswendig kannte, blieb ich stehen und las ihn wieder. Wanderer sind am Wochenende auf der Oberreintalhütte unerwünscht, sie ist nur für Extreme reserviert, für eine kleine elitäre Gruppe. Nur Kletterer sind geduldet und fähig, das rauhe Leben in dem kleinen Talkessel zu ertragen. Ein paar Wanderer sind auch am Wochenende bei den Kletterern stets willkommen, ja sogar erwünscht, aber nur, um sie so schnell wie möglich wieder zu vertreiben. Es war schon immer eine sportliche Herausforderung, die armen Wanderer in kürzester Zeit an den Rand des Wahnsinns zu treiben, bis sie freiwillig fluchtartig aus dem Tal stürmten. Die hochkomplizierten technischen Einrichtungen, die speziell für das Vertreiben dieser ungeliebten Bergsteigerschicht entwickelt wurden, sind in Kletterkreisen weltberühmt, und ich kannte bereits viele Geschichten und Anekdoten, lange bevor ich zum ersten Mal selbst in das „Verbotene Tal" eintreten durfte. Dieses Schild symbolisiert eine unsichtbare Grenze. Den Kletterer erwartet ein Paradies, jeden anderen die Hölle. Das Waffenarsenal reicht von leichter Wasserberieselung bis hin zu deftigen Stromstößen in den Allerwertesten.

Es sind vom Ahornboden nur noch wenige Höhenmeter hinauf zum Gatterl, und jedesmal ist es wieder ein spannender Augenblick, auf der Kuppe zu stehen und den Spielplatz für Erwachsene vor sich liegen zu sehen. Ich knipse meine Stirnlampe aus und starre in die vom Mondlicht gespenstisch beleuchteten Wände. Majestätisch und unnahbar steht linker Hand die Dom-Kathedrale, rechts davon die dagegen ziemlich zierlich wirkende Pyramide des Unteren Schüsselkarturmes, die wiederum bewacht wird von dem wie ein riesiger Schiffsbug wirkenden Oberreintalturm.

Für die meisten Kletterer, die Anfang der achtziger Jahre vom klassischen Stil zum Freiklettern überwechselten, war das Yosemite Valley in Amerika wie eine heilige Pilgerstätte – für mich war es das Oberreintal. In diesem Tal kletterte ich mit 15 Jahren zusammen mit der Oberauer Bergwacht meine erste Gebirgsroute, die Nordostkante des Unteren Schüsselkarturmes. Schon Nächte vorher konnte ich vor Aufregung nicht mehr schlafen und konnte es kaum erwarten, den Ort zu betreten, von dem ich schon so viele Geschichten gehört hatte. Es war einer meiner schönsten Klettertage. Ich kletterte in der Obhut der alten Oberreintalgarde die Tour in dicken Plastikbergschuhen, und wir schafften es, rechtzeitig vor dem drohenden Gewitter wieder in der Hütte zu sein. Dann wurde kräftig Brotzeit gemacht, die Alten tranken viel Bier, es wurde musiziert und ich war sehr beeindruckt und fasziniert. Als wir am Abend ins Tal abstie-

gen, mußten wir Jungen uns um einige stark wankende Kameraden kümmern, für die das Gewitter etwas zu lange gedauert hatte.

Als ich eine Woche später einen Trainingslauf über den Schachen ins Oberreintal machen wollte, traute ich mich allein nicht in die Hütte und kehrte oben am Gatterl wieder um. Seit dieser

Der junge Stefan Glowacz (ganz rechts) lauscht dem Hackbrettspiel von Charly Wehrle.

Tour versuchte ich jedes Wochenende ins Oberreintal zu gehen und verbrachte meine ganzen Sommerferien dort oben, wobei wir nicht in der Hütte schliefen, sondern aus Geldmangel in einem Zelt daneben. Nur wenn es zu starke Gewitter gab, gingen wir in der Nacht in die Hütte und legten uns im Gastraum auf die Bänke, um ja keine Übernachtung bezahlen zu müssen.
Es waren nicht ausschließlich die Kletterrouten, die auf mich so eine Faszination ausübten, sondern die Atmosphäre dort oben in dieser kleinen, eigenen Welt. Es herrschten andere Gesetze, man lebte einen anderen Rhythmus und die restliche Welt jenseits der Kuppe war vergessen und weit weg. Das Oberreintal ist für jeden Kletterer wie ein kostbarer Diamant, den sich jeder selbst zurechtschleifen mußte. Ich betrieb in dieser Zeit viele andere Sportarten wie Judo, Fußball, Skifahren oder Rennrodeln, aber kein Sport konnte auch nur ansatzweise die Faszination auf mich ausüben wie die Kletterei im Oberreintal. Ich betrachtete zu dieser Zeit Klettern auch nicht als Sport, sondern empfand es als reines Abenteuer. Freiklettern gab es für mich nicht, und auch keine Klettergärten. Ich kehrte später zwar dem Gebirgsklettern für eine Zeitlang völlig den Rücken zu und praktizierte mit viel Ehrgeiz das Wettkampfklettern an künstlichen Wänden, doch ich wußte zu jedem Zeitpunkt, wo meine Wurzeln liegen. Für mich war es immer vollkommen klar, daß alle anderen Spielformen des Klettersports für mich nur ein Ausflug sein werden und daß ich früher oder später zum Gebirgsklettern zurückkomme. Für mich persönlich ist das Klettern in großen Wänden die absolute Meisterklasse, es hat den größten Erlebniswert. Ich kann mich nur an wenige Routen im Klettergarten erinnern und auch an kaum einen Wettkampferfolg. Aber was unauslöschlich in meiner Erinnerung vorhanden ist, sind die Touren, die ich im Gebirge unternahm, unabhängig vom Schwierigkeitsgrad.
Ich hatte in den ersten Jahren einen unheimlichen Respekt vor den großen Wänden, und obwohl ich einen Kletterkurs besuchte, waren es die alten Oberreintalkletterer, allen voran der damalige Hüttenwirt Charly Wehrle, die mich langsam und sehr behutsam an die höheren Schwierigkeiten heranführten. Die ersten zwei Jahre kletterte ich fast ausschließlich nur im vierten Schwierigkeitsgrad, der sechste Grad schien in unerreichbarer Ferne. Ich hörte von Kletterern in Amerika, die bereits Routen jenseits des sechsten Grades klettern konnten, doch dies wollte ich nicht so recht glauben, da doch alles, was schwieriger als vier war, schon nahezu unmöglich erschien.
Es war für mich eine Zeit, in der ich anfing, bewußt eigene Wege zu gehen. Im Oberreintal und beim Klettern war ich auf einmal für mich und meinen Partner selbst verantwortlich, und nicht die Eltern oder Lehrer trafen die Entscheidungen. Wir jungen Kletterer konnten im Oberreintal tun und lassen, was wir wollten, nur wenn es allzu heftig wurde, schritt Charly ein. Es war unser eigenes Leben, das wir dort oben leben konnten, und es war oft ratsam, einige Aktionen zu Hause besser nicht zu erzählen. Ich genoß die Sturm-und-Drang-Zeit in vollen

Damit der Ziehharmonikaspieler in der „Fahrradlkant'n" aufspielen konnte, kletterte Stefan mit einem Stuhl durch die Wand.

Stefan Glowacz in seiner Route „Sommernachtstraum" (Schwierigkeitsgrad 7), Oberreintalturm

Zügen, und mein Schutzengel hatte bei jedem Oberreintalausflug richtigen Streß.

Auch diesmal ging ich wieder allein hinauf, Mangel an Kletterpartnern gab es im Oberreintal nicht. Egal welche Route oder welchen Schwierigkeitsgrad man klettern wollte, man fand immer einen idealen Partner. Warmer Wind bewegte die Blätter geräuschlos, ab und zu hörte ich die Glocke eines Schafes, die wie die Kletterer hier oben den Sommer verbringen. Es war schon lange jenseits der Hüttenruhe, trotzdem wurde der Klang von Musik und Stimmengewirr vom Wind herübergetragen. Im kleinen Küchenfenster brannte noch Licht und als ich um die Ecke bog, wurde ich von einem lauten Würgegeräusch empfangen. Der Sepp, einer der jungen Garmischer Kletterer, stand völlig betrunken mit einer Hand an der Hüttenwand abgestützt und mußte gerade wieder fünf halbe Bier, einen sauren Preßsack und eine Tafel Schokolade abgeben. Fast stolperte ich noch über zwei in Decken gehüllte Körper, die bereits das nächste Stadium erreicht hatten, bis ich endlich die Tür erreichte. Einem Nichteingeweihten hätte sich ein Bild des Grauens geboten, für mich stand in diesem Augenblick nur fest, daß am nächsten Tag nichts geklettert wird. Mitten in der völlig überfüllten Hütte hingen fünf Körper mit einer Hand an einer Seilschlinge, die von der Decke hing. Jeder mit einer Flasche Bier in der Hand und einem Gesichtsausdruck, der darauf schließen ließ, daß bereits der Inhalt weiterer fünf bis zehn Flaschen in ihrem Körper schwappte. Auf dem Stammtisch stand mit hochrotem Kopf der Peter und drosch auf eine Gitarre mit

Stefan Glowacz Ende der siebziger Jahre

nur noch drei Saiten ein und schrie irgendwas vom Müllmannblues. Kurz darauf feuerte Jim sein volles Weißbierglas quer durch den Raum, so daß es mit lautem Krachen am vollbesetzten Nebentisch einschlug, und er beschwerte sich beim Hüttenwirt Charly wegen zu wenig Schaum im Glas. Willkommen im Land der Gesetzlosen. Caligula hätte seine wahre Freude gehabt, einen Grund für dieses Fest gab es nicht. Spontanorgien solcher Ausmaße waren keine Seltenheit.
Doch im Vordergrund stand natürlich das Klettern. Im Vergleich zu anderen Schauplätzen in den Nördlichen Kalkalpen, in denen Klettergeschichte geschrieben wurde, wie zum Beispiel dem Wilden Kaiser, spielte die Wettersteinnordseite nie eine große Rolle. Die Routen besonders von Karl Heinz Gonda, Martin Schließler und Michael Schober gehörten zu den schwierigsten Anstiegen ihrer Zeit. Es waren großartige Leistungen und ihre Routen sind auch heute noch ernsthafte und nicht zu unterschätzende Unternehmen. Allen voran das große Klettertalent Gonda prägte den Stil des Oberreintalkletterns nachhaltig durch seine kühne, ausgesetzte und spärlich gesicherte Erstbegehung der Gonda-Verschneidung am Dom. Diese Routen waren für mich in unerreichbarer Ferne und ich dachte selbst im kühnsten Traum nicht daran, jemals eine von ihnen zu durchsteigen. Wenn andere Kletterer eine dieser Traumrouten kletterten, was damals noch nicht so häufig vorkam, betrachtete ich sie als Wesen mit außerirdischen Fähigkeiten und klebte für den Rest des Abends an ihren Lippen.

Es vergingen die Jahre, und ich war immer noch nicht richtig in den erlauchten Kreis der Extremen aufgenommen. Es war ein Samstagmorgen. In der Hütte herrschte emsiges Treiben, draußen unter dem großen Ahornbaum schepperten Karabiner und Haken, Nervosität lag in der Luft. Die Hüttenruhe wurde am Vorabend recht diszipliniert eingehalten und jeder hatte bereits eine Route ausgemacht. Ich stand etwas unschlüssig mitten im Getümmel, und das erkannte wohl der Franz, ein alter Oberreintalhaudegen. „Wennst no nix vorhast, dann gehst mit mir zur ‚Herbst-Teufel'", befahl er, und mir rutschte das Herz ganz weit in die Hose. Bevor ich eine einigermaßen glaubwürdige Ausrede finden konnte, um die ich normalerweise wirklich nicht verlegen war, bekam ich schon ein Seil und Karabiner in die Hand gedrückt, Franz warf den Rucksack über die Schultern und stiefelte eilends hinunter ins Kar. Ich packte in Windeseile ein paar Sachen ein und rannte hinterher. Mein Hirn arbeitete fieberhaft. Bis zum Einstieg hatte ich nicht mehr viel Zeit, mir etwas Gutes einfallen zu lassen. Ich hätte einen Absturz in die Schrofen simulieren können, aber dabei wäre mir wahrscheinlich wirklich etwas passiert. Ich hätte mir auch mit einem Stein auf den Finger schlagen können, aber so wie ich den Franz kannte, hätte er mir nur den Finger verbunden und ich hätte trotzdem mitgehen müssen. Dummerweise rannte Franz auch noch so schnell zum Einstieg, daß ich Mühe hatte, ihm zu folgen, geschweige denn einen genialen Einfall

Stefan Glowacz 1998 in der Oberreintalhütte

zu bekommen. Es kam, wie es kommen mußte. Ergeben in mein Schicksal stand ich am Einstieg der „Herbst-Teufel", die in mehreren Seillängen Schwierigkeiten im oberen fünften Grad aufwies. Wie ein Wiesel kletterte Franz die erste schwere Seillänge, erklärte mir während des Kletterns auch noch, wie ich die Stellen angehen muß, zog sich einmal rechts, dann wieder mit links an den Haken hoch und erreichte den Stand. Die Route war einen ganzen Grad schwerer als meine schwierigste Route, und ich nahm all meinen Mut und meine Kraft zusammen, um mich wenigstens so teuer wie möglich zu verkaufen. Ich weiß nicht, ob der Franz an einigen Stellen kräftig gezogen hat, aber nach wenigen Stunden standen wir bereits auf dem Gipfel. Der Nachmittag war noch jung, als wir vor der Hütte saßen und ich wie ein Honigpferd über beide Ohren strahlte.

Franz war so zufrieden mit mir, daß er am gleichen Nachmittag auch noch die „Brych" mit mir klettern wollte. Für mich die erste Route im sechsten Grad. Ich biß mir fast die Zunge ab, damit ich ja keinen unkontrollierten Einwand von mir geben konnte. Franz knüpfte mir aus Reepschnüren zwei Bandleitern, die ich mir mal vorsichtshalber in die Tasche stecken sollte. Aber was sollte passieren? Ich habe mich am Vormittag vom vierten zum oberen fünften Grad ohne große Probleme steigern können, und Franz meinte zwinkernd, daß „Brych" am Oberreintalturm ja auch nur ein bisserl schwieriger sei. Also was kostet die Welt, können wir nicht gleich eine 6+ klettern? Hochmut kommt vor dem Fall, und diese Weisheit wird einem beim Klettern schonungslos vor Augen geführt. Der Hang zur Überheblichkeit ist ein Privileg der Jugend, zumindest kann man es in diesem Alter noch mit Unerfahrenheit entschuldigen. Klettern ist eine Schule fürs Leben, diese Tatsache mußte ich an diesem Tag schmerzlich feststellen. Überheblichkeit und Selbstüberschätzung wird wirklich gnadenlos bestraft, danach steht man im wahrsten Sinne wieder fest mit beiden Beinen auf dem Boden. So hing ich dort oben in der „Brych" in der ersten Schlüsselstelle und wollte nur noch sterben. Franz stand oberhalb eines kleinen Überhanges und konnte mich Gott sei Dank bei meinem grausamen Treiben nicht beobachten. Ich war völlig entkräftet, die Finger krampften, so daß ich Mühe hatte, die Bandleitern für den absoluten Ernstfall aus der Tasche zu ziehen, geschweige denn sie richtig zum Einsatz zu bringen. Das ist also der sechste Grad, habe die Ehre, in Zukunft ohne mich! Der Schweiß strömte mir unter dem Helm hervor, die Augen brannten mit den Unterarmen um die Wette. Es war eine erbärmliche Situation, in der ich mich befand. Zog ich mich mit beiden Armen an einem Haken hoch, dann hatte ich keine Kraft mehr, mit einer loszulassen, um höher zu greifen. Franz zerrte, was das Zeug hielt, doch durch die Seildehnung rutschte ich immer wieder in die gleiche Position zurück. Von der Hütte ertönte auch noch der Oberreintalgruß „Hei mi leckst am Arsch", der normalerweise von den Kletterern im Gemäuer freudig mit einem „Du mi a" erwidert wird. Genau das könnt ihr mich jetzt alle, und zwar kreuzweise,

*Stefan Glowacz in der „Gonda-Verschneidung"
(Schwierigkeitsgrad 6+), Oberreintaldom.
In seinen jungen Jahren kletterte Stefan diese
anspruchsvolle Route im Alleingang.*

dachte ich mir. Einen Ton brachte ich schon lange nicht mehr raus, mein Mund war völlig ausgetrocknet, der letzte Tropfen Flüssigkeit lief mir gerade von der Stirn. Irgendwie schaffte ich es mit der Hilfe von Franz, mich die Tour hinaufzukämpfen und fühlte mich wie ein geprügelter Gassenköter. Ganz still und leise packte ich meine Sachen auf der Hütte zusammen und stahl mich davon, um ja keine peinlichen Fragen beantworten zu müssen. Zu Hause leckte ich meine Wunden. Und nachdem der Muskelkater, der von jeder Muskelfaser in meinem Körper Besitz ergriffen hatte, nachließ, kam der Ehrgeiz doch wieder durch und ich schnappte meinen Rucksack, den ich eigentlich nie mehr hatte anrühren wollen, und saß am nächsten Freitag abend bereits wieder am Stammtisch der Oberreintalhütte.

Stefan Glowacz

Das „Gelbe U" – Nächtlicher Ausflug

Charly Wehrle als Hüttenwirt auf der Oberreintalhütte

Oberreintal, Anfang der achtziger Jahre. Die Aufbruchstimmung war zu spüren. Die Sportkletterepoche hatte das Felsenrund voll erfaßt, sämtliche klassischen, schweren Routen wurden frisch entdeckt, boten neue, lohnende Ziele, wenn sie ohne künstliche Hilfsmittel Rotpunkt geklettert wurden.

Die sagenumwobenen Reibungskletterschuhe waren in den Kreisen der Extremen inzwischen Pflicht, aber auch auf die richtigen Klamotten kam es an. Jeder aus der damals jungen Garmischer Oberreintalszene schwor auf seine eigene Kletterkleidung: weit geschnittene weiße Maler- oder Maurerhosen, flatternde Baumwoll-Trainingshosen oder einfach nur Turnhosen und T-Shirt, wenn trockenes und warmes Wetter gute Kletterverhältnisse versprach. Hin und wieder kam es auch vor, daß einer der Kletterfreaks nackt in einer schweren Tour zu sichten war. Auf alle Fälle: die gute alte Kniebundhose war out, hatte ausgedient, war schlichtweg verpönt. Sie wurde zum Erkennungszeichen für den normalen Bergwanderer und Jochbummler. Ein ehrwürdiges alpinistisches Kleidungsstück wurde in dieser neuen Kletterepoche von heute auf morgen gnadenlos ausgemustert. Auch mit Wechselwäsche im Rucksack oder womöglich mit einem Helm zu klettern, war nicht mehr in Mode.

Auf die Frage des Hüttenwirtes, wo denn besagte Dinge wären, erntete dieser, wenn überhaupt, ein mitleidiges oder herausforderndes Lächeln. Auch das Verbandszeug fehlte meist, als sterile Mullbinde oder Pflaster mußte dann eben das T-Shirt herhalten. Das war das neue „Selbstbewußtsein" der aufstrebenden Kletterjugend. Wetterstürze, Gewitter, starke Regengüsse und Steinschlag schien es ganz einfach nicht mehr zu geben. Kalte und feuchte Biwaks oder ein mehr oder weniger großes Loch im Kopf waren die Folgen dieses neuen Lebensgefühles, das man die absolute Freiheit nannte. Auch die ersten Magnesiaspuren hafteten inzwischen am herrlich rauhen Oberreintalfels. In dieser Zeit wurde zur Feier und zum Ausklang des Tages oft ein sogenanntes „Turmsaufen" veranstaltet. Ein leichtsinniges Würfelspiel, bei dem die Eins entscheidend war. Das Zentrum des Spiels, der Turm, bestand aus sechs verschiedenen, aufeinandergestellten alkoholischen Getränken, die durch je einen Bierdeckel getrennt waren. Das Ganze war von einer Blume gekrönt. Wurde von einem Teilnehmer die erste „Eins" gewürfelt, mußte er die Blume verzehren, der Nächste hatte Glück und hatte lediglich den Bierdeckel wegzuheben. Die weitere Reihenfolge war etwa Likör – Bierdeckel – Obstler – Bierdeckel – Weinschorle – Bierdeckel – Wein – Bierdeckel – Radler – Bierdeckel – Bier. Die Spielregeln waren hart und schonungslos. Hatte ein Teilnehmer sein Getränk nicht geleert, bevor die nächste „Eins" auf dem Tisch lag, mußte er den ganzen Turm bezahlen.

Natürlich gab es auch den einen oder anderen Mißton, aber das tat dem neuen Lebensgefühl keinen Abbruch. Manchmal kam es vor, daß das Jungvolk, die „Steinbeißer" und „Steinbeißerfresser", morgens um vier aus dem Tal daherkamen. Das Bierstüberl im Johnsclub hatte um 2 Uhr morgens Sperrstunde. Herrschten sommerliche Temperaturen oder war gerade einmal Vollmond, lockten die Kletterwände auch bei Nacht oder in der Morgendämmerung.

59

Charly Wehrle beim Hackbrettspiel

Es war an einem Wochentag im Juni 1981, bereits mehrere Türme waren fachgerecht abgetrunken worden. Am frühen Abend fragte ich Stefan Glowacz, der gerade sechzehn geworden war, ob er nicht Lust hätte, heute in der Nacht mit mir das „Gelbe U" zu klettern, es sei ja Vollmond. Weitere Türme folgten, es wurde Nacht, und der Uhrzeiger rückte schon auf

23 Uhr vor. Ich hatte meine voreilige Frage schon längst wieder vergessen, als Stefan prüfend vor die Hütte ging. Der Vollmond stand gerade exakt über dem Unteren Schüsselkarturm und leuchtete die südseitigen Oberreintalrouten hell aus. Vollmotiviert kam Stefan herein und forderte mich auf, schleunigst mein Kletterzeug

zu packen, das „Gelbe U" sei fällig. Es gab keinen Zweifel daran, daß er es ernst meinte. Ich versuchte noch abzuschwächen und schlug die leichtere Militärkante vor, aber Stefan meinte, ich hätte vor einer Weile doch noch vom „Gelben U" gesprochen und für ihn käme jetzt nichts anderes als eben dieses in Frage. Nun stand ich da ... Ich gab resignierend nach und holte den Kletterrucksack aus meinem Zimmer, stopfte Helm, Expreßschlingen, Stirnlampe und etwas trockene Wäsche hinein. Stefan wartete bereits mit Seil und Gurt an der Eingangstür. Als wir zum Oberreintalboden herunterstolperten, versuchte ich Stefan noch einmal umzustimmen. Jedoch vergeblich. Stefan beharrte störrisch auf dem „Gelben U".

Der Mond rückte dem Oberreintalschrofen schon bedenklich nahe, als wir morgens um halb eins einstiegen. Zuerst noch das rituelle „Steinchengreifen", wer zuerst vorsteigt. Es traf mich, aber das war weiter nicht schlimm, denn ich kannte die Nordwestwand des Unteren Berggeistturmes wie meine Westentasche. Leo Rittler und Toni Schmid, die beiden jungen Münchner aus dem Kletterclub „Hoch-Empor", hatten diese Route erstmals im Jahre 1928 begangen. Sie zählt zu den beliebtesten Oberreintalrouten im Schwierigkeitsgrad 5.

Wird die Route frei geklettert, werden zwei Stellen mit 6 bewertet. Flott erreiche ich den ersten Stand und ließ Stefan nachkommen. Etwa gleichzeitig mit seinem Auftauchen am Stand verschwand der Vollmond hinter dem Oberreintalschrofen, und um uns herum wurde es ziemlich dunkel. Aber jetzt dachte auch ich nicht mehr ans Umdrehen. Vielmehr betrachteten wir die Dunkelheit als besondere Herausforderung. Wir packten unsere Stirnlampen aus, dann stieg Stefan im leichten Zweiergelände weiter.

Im eigentlichen „U" war ich dann wieder an der Reihe zu führen. Dort wo es erstmals ein wenig zur Sache geht. Nur dem Lichtkegel der Taschenlampe folgend spreizte ich derart sicher durch die gelbe Verschneidung, daß ich das Gefühl hatte, noch niemals so gut geklettert zu sein. Dann die Schlüsselstelle, ein hellgrauer Überhang, Rotpunkt eine für mich einigermaßen knifflige Sache, doch jetzt flog ich förmlich darüber. Nach einer Stunde schon lag die Hälfte der Route hinter uns.

Vom Oberreintalboden aus gab uns das Hüttenlicht das Gefühl von Geborgenheit. Keiner von uns beiden sprach ein Wort. Nur das Seil streifte durch die Hände, und das leise Anschlagen der Karabiner an den Fels war manchmal zu hören.

Charly Wehrle am 8. Mai 1971 im „Er-Si-Pu-Weg" (Schwierigkeitsgrad 6-/A1) am Oberreintaldom, seine erste Oberreintalroute

Dazwischen die leisen Kommandos „Stand – Seil ein – Seil aus – Nachkommen – Komme".

Das „Achtmeterwandl" bäumte sich nun schwarz vor uns auf, und das Ende dieser zweiten Schlüsselseillänge ließ sich im schwachen Schein unserer Taschenlampen nur erahnen. Ich war wieder an der Reihe zu führen, es lief jetzt schon etwas langsamer, die Müdigkeit machte sich bemerkbar. Besonders bei dem, der gerade den anderen sichern mußte.

Als ich über dem „Achtmeterwandl" den Standplatz erreichte, war es schon nach zwei. Ich drehte den Kopf zur Hütte, sah sie aber nicht mehr. Irgend jemand hatte das für uns so kostbare Licht ausgelöscht. Sie hatten uns wohl vergessen dort unten. Gerade nach dieser Seillänge bot sich der schönste Rundblick. Obwohl der Mond hinter dem Oberreintalschrofen verschwunden war, erhellte er doch geheimnisvoll die Felsstrukturen im Rund der Oberreintalberge. Dann leuchtete Stefans roter Kletterhelm aus einer V-förmigen Felsformation.

Wir waren unwahrscheinlich happy, aber knochenmüde. Zwei leichtere Seillängen waren es nur noch bis zum Gipfel, aber sie erforderten unsere ganze Konzentration. Noch einmal verschwand das uns mehr als symbolisch verbindende Seil in der Dunkelheit, wieder die leisen Bewegungen des Seils und der halblaute Ruf „Stand". Um halb drei Uhr morgens, nach zwei Stunden Kletterzeit, erreichten wir den Gipfel des Unteren Berggeistturmes. Ein wahrhaft seltener Augenblick, der sich für immer in unser Gedächtnis eingrub. Nach einem Händedruck seilten wir uns gleich nach Süden in Richtung Schüsselkar ab. Immer äußerst vorsichtig und betont konzentriert, ständig gegen unsere Müdigkeit ankämpfend. Bald hatten wir den sicheren Boden des Schüsselkars unter den Füßen, und eine halbe Stunde später standen wir mit bleiernen Gliedern im Geröll des Oberreintalbodens. Schon kroch der neue Tag herauf, in der Oberreintalhütte war alles noch friedlich und still. Leise schlichen Stefan und ich in die beiden Schlafräume und öffneten die Fenster. Und dann warfen wir das „Oberreintalmotorrad", die Kettenmotorsäge an – an diesem außergewöhnlichen Tag der besondere Wecker.

Charly Wehrle

Hochwanner

Die 1.400 Meter hohe Nordwand des Hochwanner zählt zu den gewaltigen Steilabbrüchen der Ostalpen. „Mit der Durchkletterung dieser Wand ist das letzte große Problem des Wettersteins gefallen" – meinte Hans Leberle in seinem Führer aus dem Jahr 1905.
Die von L. Heis 1904 im Alleingang durchstiegene Wand zählt heute noch zu den größten alpinen Felsfahrten im Wetterstein. Guter Orientierungssinn sowie sicheres Steigen im brüchigen Fels sind heute wie damals absolut erforderlich.

◁ *Peter Janschek kurz vor dem Gipfel des Hochwanner,*
dahinter die Mieminger Kette vom Hochplattig bis zur Ehrwalder Sonnenspitze

Peter Janschek im unteren Teil der Direkten Hochwanner-Nordwand (Schwierigkeitsgrad 6) ▷

Leben im Sonnenschein
Schüsselkar-Südwand als Spiegel eines Gebirges

◁ *Die Südwand der Schüsselkarspitze bei Sonnenaufgang*

Seit 23 Jahren fühle ich mich nun wie zu Hause in den griffigen, grau-gelben Plattenfluchten über dem Leutaschtal. Ein buntes Band von Erlebnissen, geknüpft an Hunderten von Tagen, verbindet mich mit diesem, für manch anderen wahrscheinlich ziemlich sinnlosen Steilabbruch. Je öfter ich hinaufgehe, desto dankbarer bin ich, daß ich all das erleben darf; mir kommt vor, daß ich die Reize dieser Gegend immer noch intensiver aufnehme, anstatt mich daran sattzusehen. Wenn die aufgehende Sonne den Oberreintalschrofen, die Scharnitzspitze und meine Lieblingswand, die Südwand der Schüsselkarspitze, glutrot überflutet und die Zacken glasklar in den blauen Himmel stechen, wenn uns der leise Wind am Scharnitzjoch den Duft von sonnenverbranntem Gras zuträgt, während unsere Blicke über die im samtigen Morgenlicht unnahbar scheinenden Plattenschüsse am Schüsselkar gleiten, wenn die Murmeltiere pfeifen und wir endlich am Wandfuß die Rucksäcke niederwerfen, während die frechen Dohlen wie Kampfjäger angedüst kommen, um dann spielerisch wie Schmetterlinge im Wind zu stehen und auf fette Jausenbeute zu lauern, ja dann sind wir wieder auf unserer Spielwiese, und „Leben im Sonnenschein" ist angesagt, ganz gleich, ob nun undurchdringliche Nebelfetzen die Wand entlangjagen oder die Wand wie eine Fata Morgana in der Hitze flimmert – wir finden immer etwas zum Klettern. Vom Schneesturm im Sommer bis zum Hitzestau im Winter haben wir alle klimatischen Facetten durchlebt, allein der Fels ist immer gleich einladend, rauh und griffig geblieben.

Erschließung abgeschlossen

„Das Wettersteingebirge bietet nichts Neues mehr. Das Wetterstein ist begangen, seine Kare sind betreten, die Flanken und Grate seiner Berge sind durchklettert, es ist erschlossen." Mit diesen Worten zog Hans Leberle im Jahr 1905 tatsächlich einen Schlußstrich unter die Erschließungsgeschichte dieses kleinen Gebirgsstockes. Der glorifizierte Kulminationspunkt Deutschlands – die Zugspitze – war auf verschiedensten Wegen erstiegen, der große Erschließer der Nördlichen Kalkalpen, Hermann von Barth, hatte in seinem Wettersteinjahr 1871 die letzten bedeutenden Gipfel erobert, die Seilschaft L. Distel und F. Schön hatte den vielumworbenen Teufelsgrat überklettert und mit der Allein-Erstbegehung der gewaltigen, 1.400 Meter hohen Hochwanner-Nordwand durch L. Heis im Sommer 1904 „... ist das letzte, große Problem des Wettersteinkammes gefallen".

Derselbe Mann, der die Hochwanner-Nordwand als gewaltige, wie aus Erz gefügte Wand rühmte, beschrieb die wenige Kilometer entfernte Schüsselkarspitze als langgestreckte Reihe von Felstürmen, als unbedeutendsten von den drei Oberreintaler Bergen! Kaum zu glauben, daß jemand, der selbst extrem kletterte, die wuchtigen, graugelben Plattenpanzer der 400 Meter hohen, fast einen Kilometer breiten Südwand der Schüsselkarspitze übersehen konnte! Dabei hatte Hans Leberle selbst zusammen mit A. Schulze einen schwierigen Anstieg durch eine markante Riß- und Kaminreihe an der benachbarten Scharnitzspitze-Südwand gefunden.

Rambo und der Mann mit der Schnapsflasche

Erst eine neue Generation von Kletterern, die selbst dort noch ohne Seilsicherung unterwegs waren, wo für Hans Leberle die Welt des Kletterbaren aufgehört hatte, sah in der Schüsselkar-Südwand das letzte große Problem der Nördlichen Kalkalpen. Große Wände waren bereits gefallen: 1912 hatten sich Hans Dülfer und Werner Schaarschmidt den wohlverdienten Sieg über die Fleischbank-Ostwand im Wilden Kaiser erkämpft, und schon 1911 war die gewaltigste

Bernhard Hangl in der Route „Knapp-Köchler" (Schwierigkeitsgrad 6/A1 bzw. 7), Schüsselkarspitze

Wandflucht der Nördlichen Kalkalpen, die Laliderer-Nordwand im Karwendel, von den Brüdern M. und G. Mayer und den Führern Angelo Dibona und Luigi Rizzi bezwungen worden – weniger „wohlverdient", weil sie die Wand dem langjährigen Hausmeister vor der Nase weggeschnappt hatten. Otto Herzog aus München, liebevoll auch „Herzog von Ladiz" oder „Rambo" genannt, war schon vor den Bezwingern in der Wand gewesen, hatte die Schlüsselstelle bereits hinter sich und wurde nur durch Schlechtwetter zum Rückzug gezwungen. Eben dieser Otto Herzog traf sich beim Oktoberfest 1913 in München mit Georg Kuglstätter und dem Zillertaler Bergführer Hans Fiechtl. Aus der alpinen Gerüchteküche wußte dieser Schauerliches vom letzten großen Problem, der Schüsselkarspitze-Südwand, zu berichten: Klettergrößen wie Tito Piaz, Paul Preuß und selbst das Fleischbank-Duo Hans Dülfer und Werner Schaarschmidt waren von der Wand abgewiesen worden.

Vielleicht war es gerade der bittere Nachgeschmack der Dibona-Mayer-Aktion an der Laidererwand, die Herzog zum sofortigen Aufbruch bewegte. Mit Georg Kuglstätter brach er ins Wetterstein auf und wagte den ersten Versuch. Nach einer kräfteraubenden, zehn Meter

Heinz Zak in der Schlüssellänge seiner Route „Supernova" (Schwierigkeitsgrad 9/9+), Schüsselkarspitze

hohen, glatten Rißverschneidung stand Rambo unter einem abdrängenden Wulst. Trotz der geringen Kraftreserve kletterte er ungesichert über die schwierige Stelle. Den entscheidenden Sicherungshaken, den wahrscheinlich alle nachfolgenden Begeher gerne auch als Griff benutzen, schlug er erst nachher von oben herunter! Die erste Stelle im 6. Grad war gemeistert, lange vor Solleders und Lettenbauers Route an der Civetta-Nordwestwand 1925, die vielfach als erste Route im 6. Grad bezeichnet wird. Am Pfeilerkopf drehten Herzog und Kuglstätter um; es war schon zu spät und sie waren nicht für ein Biwak ausgerüstet. Nach einem weiteren Versuch mit Hans Fiechtl mußte Kuglstätter zurück nach München.

Am nächsten Tag startete Herzog mit Fiechtl – der immer vor einer Schlüsselstelle Mut aus der Schnapsflasche tankte – sofort einen weiteren Versuch. „Fiechtl geht voraus. Sein Antlitz ist finster und trotzig. Er ist still, unheimlich still. Fels bröckelt ab. Mir wäre es viel wohler, wenn ich an Fiechtls Stelle wäre, denn Kletterschuhsohlen kann ich über mir nicht tasten sehen, und ich spüre bange Beklemmung ... Plötzlich fliegt Fiechtl lautlos und pendelt im Seil in die Fallinie der Nische hinüber. Das Seil, Karabiner und Mauerhaken halten. Frech und ohne Erholungsrast geht Fiechtl dieselbe Stelle nochmals an. Mit gleichem Resultat: Sturz. Und ein dritter Versuch endet ebenso. Schadenfroh schwinge ich mich zum ‚Acht-Meter-Wandl' empor. Da hänge ich nur an winzigen Haltepunkten, daß man sich ein Mikroskop heranwünschen möchte. Trotz der Sicherung ist die Kletterei eine ernste Sache. Die wenigen Ritzen sind ungeeignet selbst für unser kleinstes Häkchen. Ganz langsam rücke ich ein gutes Stück an der unheimlichen Querstelle hinüber ... Es gelingt mir, den ersten Haken einzutreiben. Er wackelt. Das Seil hänge ich nicht ein, aber den Oberkörper muß ich auf den Haken stützend seitwärts beugen, um einen weiten, weiten Spreizschritt zu ermöglichen. Dann stehe ich am Beginn der Verschneidung ..." Die „Herzog-Fiechtl", die damals als schwierigste Kletterei der Ostalpen sogar über Dülfers Fleischbank-Ostwand gestellt wurde, wird noch heute trotz der etwas komplizierten Routenführung gerne geklettert.

Telegramme an Straßenecken

Für die nächsten 14 Jahre waren die Extremen so sehr mit der „Herzog-Fiechtl" beschäftigt, daß sie für andere Linien gar kein Interesse zeigten. Erst 1927 wehte wieder frischer Wind in

Kletterer auf dem Weg zum Wandfuß der Schüsselkarspitze

dem Plattenschuß rechts des Westgratturmes. Die Brüder Werner und Wolfram Spindler eröffneten mit K. Linden und R. Maier eine anregende Plattenkletterei im rauhen Fels der Schüsselkar-Südwand. „Der furchtbaren Südseite einen neuen Durchstieg abgetrotzt!" Die Zeitungen berichteten über die neue Sensation, ja sogar Telegramme waren an den Straßenecken Münchens angeschlagen. Heute ist diese Route zu Recht als unbedeutend in Vergessenheit geraten.

Südostwand

Rudolf Haringer und Rudolf Peters hatten sich mit Erstbegehungen am Blassenkopf und am Hohen Gaif und mit fieberhaftem Training im Klettergarten intensiv auf dieses Unternehmen vorbereitet. Hochmotiviert ging es dann ins Oberreintal. Nach einer ausgiebigen Rast, bei der eine Unmenge von Marmeladebroten um die Wette vertilgt wurden, erfolgte eine kurze Überprüfung der Höchstform – mit einem langsam gedrückten Handstand und einem Klimmzug an der Dachrinne des Häuschens mit einer Hand! Der geplante Vorstoß in die Schüsselkarwand endete am nächsten Tag in einer Bergungsaktion

Aufstieg zur Schüsselkarspitze, im Hintergrund die Mieminger Kette

einer Seilschaft, die in der „Herzog-Fiechtl" verunglückt war. Erst am 11. Juni 1934 war es dann soweit. Die exzellente Vorarbeit von Martin Meier war für sie eine große Erleichterung. Anerkennend schrieb Peters später: „So begrüßten wir knapp unter der überwältigend sich aufbäumenden Steinwelle einen weit herausstehenden, rostigen Eisenhaken als Zeichen mutvollen Menschengeistes, wie er hier der brutalen Hemmung des Weiterweges widerstand und Raum schaffte, die unzureichende Kraft zu dehnen und zu steigern ..." Um 11 Uhr erreichten sie den Umkehrpunkt von Martin Meier, und nach einer ausgiebigen Rast schlosserte sich Peters die fein ziselierte Verschneidung hinauf. „Haken um Haken trieben wir in den einzig vorhandenen Spalt, in Abständen bis zu einem Meter. Diese folgenden Kletterstellen mögen große Ähnlichkeit haben mit jenen in der Nordwand der Großen Zinne, denn beide haben das eine gemeinsam, daß man nicht mehr gut von ‚Klettern' sprechen kann." Aber Haringer und Peters konnten es auch anders. Von der Schulter des Freundes aus stieg Peters in eine glatte Wand: „Winzigste Griffe sind vorerst der einzige Halt. Mit den Füßen schabe ich umsonst am glatten Gestein. Zentimeterweise schiebe ich

*Heinz Zak in seiner Route „Doc Holiday"
(Schwierigkeitsgrad 9/9+), Schüsselkarspitze*

mich hinan, mit angehaltenem Atem, Zug um Zug. Doch ist alles wie verhext; unfaßbar abweisend das Gestein. Jeden Augenblick drohe ich abzurutschen, und trotzdem schwindle ich mich höher. Kein Riß für einen Haken, nichts als rundgewellte Kanten. Fast hilflos komme ich mir vor, ganz klein; und verzweifelt blicke ich umher. Ist denn keine Rettung möglich, muß ich nun tatsächlich einen ‚Platscherer' machen; den ersten Sturz meines Lebens. Alles sträubt sich in mir gegen diese Aussicht. Der linke Fuß ist überlastet, ganz leise fängt er an zu zittern, schwingt dann immer stärker auf und ab, die ‚Nähmaschine' also, wie der bezeichnende Fachausdruck dafür heißt. So fängt es also an, denke ich. Und wenn schon, dann wenigstens noch ein Aleräußerstes wagen. Die Sicherung ist ja tadellos und die voraussichtliche Fallhöhe kaum 10 Meter. Knirschend beiße ich die Zähne aufeinander und suggeriere mir selbst ein: Ruhe, Ruhe und nochmals Ruhe ... Und wirklich, das Zittern läßt nach, hört sogar ganz auf. Ich weiß indes, daß dies kein Dauerzustand ist, vielmehr heißt es: jetzt oder nie! Es gilt – alles daran zu setzen. Mit äußerster Willensanstrengung klammere ich mich fest an Unebenheiten, daß die Fingerspitzen sich schier umzubiegen drohen ..."
Trotz des aufkommenden Regens überwand das

eingespielte Duo Überhänge, glatte Verschneidungen und Risse. Abgekämpft und pudelnaß erreichten sie einen feudalen Biwakplatz, ließen in der Nacht Hagel und Regen über sich ergehen. Mit steifen Gliedern meisterten sie die letzte Barriere, den schrägen Riß nach dem abgespalteten Turm. Auch ein kurzer Sturz Peters kann sie nicht mehr aufhalten; um 12.15 Uhr stehen sie am Gipfel – im Schneesturm.

Rasante Freikletterei – die „Direkte"

Ein glückliches Los traf die Seilschaft Paul Aschenbrenner und Kuno Rainer. Schon lange war den Extremen die „Direkte" ein Dorn im Auge. Dort wo die „Herzog-Fiechtl" nach links „auskeift", strotzt die Wand zwar vor gelben Überhängen, aber die Innsbrucker Elite meinte, daß dieses Problem endlich „von Innsbruckern gelöst werden müsse, zu Ehren der Stadt der Bergsteiger". Nach einem Schlechtwetterrückzug mit Hans Frenademetz war Paul Aschenbrenner eine Woche später mit dem stillen Kuno Rainer unterwegs, neben Hias Rebitsch einer der besten Felsgeher dieser Zeit. Recht viel Eisen pulverte Aschenbrenner in die gelben Überhänge nach dem „Acht-Meter-Wandl". In der nächsten Länge zeigte Rainer, was er konnte. Mit nur einem Zwischenhaken kletterte er den wasserzerfressenen „Rainer-Riß", der heute mit VI-/A0 bewertet wird bzw. Rotpunkt geklettert im oberen 6. Grad liegt. Unverhofft erreichten die beiden leichtes Gelände und stiegen über eine Rampe auf den Gipfel, der nach sieben Stunden erreicht wurde – eine beeindruckend schnelle Zeit für eine Erstbegehung in diesem Schwierigkeitsgrad!

„Morgenlandfahrt"

Nach der langen Durststrecke im Techno-Zeitalter setzte Reinhold Schiestl mit Prem Darshano ein neues Zeichen. „Eine Morgenlandfahrt zu machen, das war mein Traum. Das waren die Gedanken vom Spiel mit den Sonnenstrahlen und den Ritzen und Löchern im Fels; verrückte Gedanken ... Und die Spielregeln haben die Vögel in die Luft gemalt und der Zufall." Mit der kurzen Schlüsselstelle im unteren 7. Grad hätte die Route schon fast 50 Jahre existieren können, meint Schiestl bescheiden. Beeindruckend ist aber der Stil, in dem die „Morgenlandfahrt" erstbegangen wurde: Die wenigen Haken und die zusätzlich gelegten Klemmkeile unterstreichen das Klettervermögen der beiden Tiroler.

„Hexentanz der Nerven" und „Bayerischer Traum"

Wir sind viel zu spät dran! Die Wand flimmert in der Mittagshitze, als Hans-Jörg Leis und ich im Herbst 1980 unsere fürchterlich schweren Rucksäcke über die grasigen Hänge zum Einstieg schleppen. Kein Lüftchen weht, der

Heinz Zak beim Anfertigen eines Skyhooks

Hitzestau vor der Wand scheint alle Geräusche zu verschlucken. Die Hälfte unseres Wasservorrates – je ein Liter pro Person – haben wir schon ausgetrunken. Unsere Kletterausrüstung hatten wir auf unser damaliges Motto „frei oder gar nicht" abgestimmt. Mit fünf Normalhaken, einem lädierten Klemmkeilset und als Prunkstück zwei Friends steigen wir in die Rißreihe

Bernhard Hangl in der ersten Seillänge von „Locker vom Hocker" (Schwierigkeitsgrad 8-), Schüsselkarspitze

rechts des Herzogpfeilers ein. Nach einem nassen Überhang, der mit wasserzerfressenen Haifischzähnen nicht geizt, wird's ernst. Vier Meter über dem letzten Klemmkeil ist der seichte, schmierige Piazriß unterbrochen. Wiederholt versuche ich ein nasses Loch zu halten. Ich habe Angst, den sicheren Riß zu verlassen und schlecht gesichert ins Ungewisse zu klettern. In meine Unterarme kriecht bereits dieses flaue, lähmende Gefühl der Kraftlosigkeit. Ich hasse meine Unentschlossenheit und raffe mich endlich auf, die sicheren Griffe zu verlassen. Sogar im Nachstieg kämpft Hans-Jörg. Er stöhnt in der Unterbrechungsstelle, und seine herausgestreckte Zunge ist ein sicheres Zeichen für die hohe Schwierigkeit. Die folgende Rißspur im 7. Grad ist wiederholt von kleinen Überhängen unterbrochen und fordert ausgefeilte Klemmkeiltechnik, zumindest für unser Klemmkeilrepertoire. Zweimal muß ich an Klemmkeilen ausrasten, und erst nach einem gewagten Sprung auf einen Griff liegt die Schlüsselstelle hinter mir. Vor dem geplanten Rechtsquergang biwakieren wir in Seilschlingen. Wir haben kein Wasser mehr. Hans-Jörg meint, er könne „Spinnweben speien". Höllischer Durst, einschneidende Seilstränge und die herbstliche Frische bereiten uns eine lange Nacht. Als wir am nächsten Tag auf eine

Heinz Zak in seiner Route „Leben im Sonnenschein" (Schwierigkeitsgrad 9/9+), Schüsselkarspitze

neue Hakenreihe stoßen, verstehen wir die Welt nicht mehr. Ohne einen Zwischenhaken zu schlagen hatten wir unseren „Hexentanz der Nerven" hinter uns gebracht! Wer schlägt in so leichtem Gelände derart viele Haken, ja sogar Bohrhaken? Nachdem wir uns mühsam, mit brennenden Kehlen, auf den Gipfel geschleppt hatten, löst sich das Rätsel – wir waren in die Ausstiegslängen des kurz zuvor erstbegangenen „Bayerischen Traums" gekommen. In mehrtägiger Arbeit hatte Josef Heinl mit Albert Gilgenrainer eine mit Bohr- und Normalhaken gesicherte Sportkletterroute durch die Wand gelegt. „Aus der Traum" bedeutete diese Taktik für unsere damalige Kletterphilosophie, die sehr vom amerikanischen „clean climbing" geprägt war. Die erste Rotkreis-Begehung des „Bayerischen Traums" gelang Kurt Albert – Rotpunkt konnte die Route aufgrund der falsch plazierten Bohrhaken nicht geklettert werden. Auch vom „Hexentanz der Nerven" holte sich Kurt Albert mit seinem Freund Wolfgang Güllich die erste Rotpunkt-Begehung.

„Locker vom Hocker"

In fairem Stil stieg 1981 das Duo Güllich – Albert in die feine Rißspur ein, die den wuchti-

Nebelmeer über dem Puittal, links der Öfelekopf, in der Bildmitte Arnspitzstock und Karwendel, rechts die Gehrenspitze

1982 den jungen Klettertalenten Stefan Glowacz aus Oberau und Peter Gschwendtner aus Mittenwald.

Heinz Zak in seiner Route „Wilder Socken" (Schwierigkeitsgrad 9-). Klettergarten Sonnenterrasse

gen Plattenschild rechts der „Knapp-Köchler" durchzieht. Güllich berichtete: „Im Hier und Jetzt lag nun die volle Konzentration, um die schlechtsitzenden Klemmkeile durch sichere Bewegungen aufzuwerten und das Hasardspiel von Klemmen und Spreizen noch im kontrollierbaren Rahmen zu halten. Die Rißspur brachte nur filigrane Haltepunkte. Je kleiner sie wurden, desto größer und häufiger waren unsere akrobatischen Kraftakte. Und über den Wert der ohnehin spärlichen Zwischensicherungen durfte man einfach nicht nachdenken." Damals wie heute gilt für diese Länge zusammenfassend gesagt: Wer zuwenig Kraft bzw. Technik hat und keine Klemmkeile legen kann, wird ins Kar fallen! Güllich sprach von abgebröckelter Moral und unbeschreiblichem Nervenstreß. Die Strategie, jede Seillänge als selbständige Klettergartenroute zu sehen, „gliederte die unwirklich kompakt wirkende Platte bald in Bewegungen an fast nicht mehr sichtbaren Unebenheiten" – und führte zum Erfolg. „Locker vom Hocker" war eine der ersten Routen im 8. Grad in den Alpen und zu diesem Zeitpunkt gewiß eine der anspruchsvollsten; die Sicherung erfolgte größtenteils durch Klemmkeile, an zwei Standplätzen und in der Schlüssellänge stecken Bohrhaken. Die erste Rotpunkt-Begehung gelang

„Kriminaltango" und „Arktischer Sommer"

Josef Heinl interessierte sich wenig für den fairen Erstbegehungsstil von Freikletterrouten, der von Reinhard Schiestl, Prem Darshano, Kurt Albert, Wolfgang Güllich und mir praktiziert wurde. Er erschloß seine Routen im Geist des Technozeitalters und kümmerte sich nicht darum, ob die Routen überhaupt frei geklettert werden konnten. Zudem richtete er seine Routen „Kriminaltango", „Folies Bergères" und ein Projekt links vom „Hexentanz" (später von mir als „Time out", Grad 9-/9, Rotpunkt geklettert) teils von unten, teils von oben aus dem Abseilsitz ein.

Nachdem mir im Sommer 1987 die erste Rotpunkt-Begehung von „Folies Bergères" gelungen war – ich kletterte dabei die erste Länge im 9. Grad im Wetterstein – gab ich der Route den neuen Namen „Arktischer Sommer". Das tat ich, weil nach amerikanischer Tradition frei gekletterte Technorouten umbenannt werden und weil ich in einer Zeit, in der das Gedankengut von Martin Scheel das Alpinklettern revolutionierte – dieser stieg immer von unten ein und kletterte ausschließlich so weit, wie er frei klettern konnte –, den Technostil von Heinl in Frage stellen wollte.

„Stunden der Gemütlichkeit"

Das Lieblingswort afrikanischer Träger bei Expeditionen, „doucement" (immer gemütlich), ist die Devise von Stefan Kiechl und mir bei der Erstbegehung dieser Route im Herbst 1988. Ein leiser Wind spielt um die gut drei bis vier Meter entfernte Dachkante. Im Verschneidungswinkel

*Heinz Zak in seiner Route „Fakir-Dach"
(Schwierigkeitsgrad 8), Oberreintalschrofen*

verspreizt, ordne ich die Gedanken, versuche die folgende Stelle zu analysieren. Nur eines ist gewiß: Ohne Bohrhaken ist das Dach nicht abzusichern. Über kleine Griffschuppen könnte ich vielleicht an die Dachkante kommen, aber was kommt danach ... Bei einem Sturz über dem Dach in die Verschneidung zurück werde ich mich wahrscheinlich wie eine Fliege unter dem „Fliegentatscher" fühlen. Bis hierher hatten wir nur Klemmkeile in der splittrigen Verschneidung und in den überhängenden Rissen gelegt. Einen Versuch, die Betonung liegt auf „einen", ist dieses Dach wert. An der Dachkante habe ich für den enormen Tiefblick keine Zeit, muß schnell eine knifflige Kletterstelle überlisten, erreiche endlich einen Spalt für einen Klemmkeil. Den Standplatz verbessern wir mit einem Bohrhaken, hängen die beiden 50-Meter-Seile zusammen und schweben frei hängend die Wand hinunter, „biwakiert" wird nach einer Partie Schach bei mir zu Hause in Scharnitz. Über das freihängende Seil steigen wir am nächsten Morgen zum Umkehrpunkt. Im Schlingenstand hängend beobachte ich jede Bewegung Stefans. Haarig sieht sie aus, die ungesicherte, kompakte Wandstelle – ein kurzer Dynamo – gerettet. Am Abend feiern wir die „Stunden der Gemütlichkeit" als großen Bruder vom „Hexentanz der Nerven" und von „Locker vom Hocker", 8. Grad, nur mit Klemmkeilen gesichert – bis heute (1998) ohne Wiederholung.

„Leben im Sonnenschein"

Mit einem selbstgebastelten Skyhook bewaffnet, quere ich im Frühjahr 1989 in die aalglatte Platte. Ungläubig hänge ich ihn auf eine abschüssige, wenige Millimeter breite Leiste. Ein zaghafter Blick zur letzten Sicherung – ein Fünf-Meter-Pendelsturz, nein danke! Unter leichter Belastung knirscht der lose an der Wand liegende „Himmelshaken" erstmals verdächtig, um mir dann mit schrillem Quietschen und Geklimper entgegenzuspringen. Also etwas anderes. Zitternd vor Anstrengung dresche ich einen Minihaken in einen senkrechten Haarriß. Zweimal spritzt er widerwillig heraus und wird von der Hakenschnur aufgefangen. Mittlerweile ist die Kraft beträchtlich geschwunden, der Pendelsturz ungemütlich nähergerückt. Verzweifelt stecke ich den Haken wieder in die Ritze; endlich beißt er an und fährt in den Fels. Die aufkommende Freude wird früh gebremst – nach einem Zentimeter steht der Stift an. Also der Skyhook – hinhängen, belasten, rausfetzen! Zufällig bleibt das nervige Gerät an einer unscheinbaren Felswarze hängen; leicht wie eine Fliege möchte ich jetzt sein! Die bröselige Noppe muß mein Gewicht halten, die Kraft ist zu Ende. Keuchend beobachte ich den seidenen Faden, an dem ich hänge. Der Gedanke, die schwere Bohrmaschine hochzuziehen, kratzt erneut an den ohnehin schon überstrapazierten Nerven. Ein herzliches „Ping" – der ausbrechende Skyhook – befreit mich von allen Zweifeln. Kopfüber hänge ich im Seil – an der Hakenschnur, die ich in der Eile im nichtsnutzigen Eisenstift gelassen hatte. In der nächsten Länge geht es Tommi nicht besser. Nervöses Scharen der Füße, hektischer Atem. Meine Langeweile ist verflogen. Tom zischt wie eine Rakete durch die Luft und kracht mit lautem Geschepper an die Wand. „Gut hast's g'macht. Beim nächsten Mal geht's sicher!" Und wirklich: Zitternd, schnappend, japsend kämpft er sich höher, reißt Griff um Griff aus, bis ein langgezogenes „uuh" das Schauspiel beendet und „Raketentom" wieder herunterschießt. Auch die Rotpunkt-Begehung der Schlüssellänge im Schwierigkeitsgrad 9/9+ ist ein Kapitel für sich:

nach dem athletischen Anfang, der viel Kraft erfordert, kommt eine delikate Plattenschleicherei, in der jeder Bewerber seinen Gleichgewichtssinn und die Kraft in den Fingerspitzen auf die Probe stellen kann.

„Friedenspfeife"

Im Herbst 1995 gelingt Bernhard Hangl und mir die Erstbegehung einer der schönsten Sportkletterrouten auf der Südseite des Wettersteingebirges. Im Vorstieg klettern wir durch die kompakte Wandflucht rechts vom „Bayerischen Traum": delikate Platten, griffige Wandstellen und knifflige Überhänge bis zum oberen 8. Grad reihen sich so nahtlos aneinander, daß wir vor Begeisterung richtig ausflippen. In der zweiten Seillänge erwartet mich eine knifflige, aalglatte Platte. Da ich mir einen direkten Weg über den Dachüberhang nicht vorstellen kann, setze ich weiter links einen Bohrhaken und quere schräg rechts aufwärts, bis ich drei Meter über dem Bohrhaken – an Reibungsgriffen und auf Reibungstritten stehend, mit Tiefblick auf den Schrofenvorbau, auf den ich fallen würde – zittrig den nächsten Bohrhaken setzen kann. Hier wie auch in anderen brenzligen Stellen setzen wir nach der Erstbegehung noch zusätzliche Bohrhaken. Die Kletterei ist so schön, daß wir die Route auch vielen anderen Kletterern zugänglich machen wollen. Der Rest der Erstbegehung verläuft problemlos. Nur einmal schießt Benni in der sechsten Länge durch das Ausbrechen eines Skyhook unvermutet aus der Wand – die Wucht des Sturzes betoniert mich ganz schön hart an die Wand. Erst auf den letzten Metern wird es nochmal spannend – die schwindende Kraft kompensiere ich mit einem dynamischen Zug in den Ausstiegsriß.

„Supernova"

Die großen Linien am Schüsselkar sind selten geworden. Benni Hangl und ich freuen uns deshalb wie junge Buben über jeden Meter Neuland, den wir am Pfeiler links der Neuen Südverschneidung klettern. Nach originellen Kletterstellen in der gefinkelten Einstiegsplatte, den griffigen Rissen und einer riesigen Dachverschneidung erwartet uns in der siebten Länge (Grad 9/9+) die Schlüsselstelle in Form eines anspruchsvollen kleingriffigen Überhangs, der den Weg in die absolute „Megaplatte" in allerbestem, hellgrauem Wettersteinkalk freigibt. Nach der Rotpunkt-Begehung im Herbst 1996 sind wir sicher, eine Traumroute erstbegangen zu haben.

„Doc Holiday"

Die Linie dieser messerscharfen, gewaltig überhängenden Kante links des Plattenschusses der „Knapp-Köchler" hat mich fasziniert, seit ich das Schüsselkar kenne. Am schönsten tritt die Kante an Spätnachmittagen hervor, wenn die langen Schatten den grauen Plattenschuß verdunkelten und die Kante wie ein Lichtstrahl in den Himmel schießt. 1988 setzten Tom Nagler, Georg Walch und ich hier unsere ersten Bohrhaken in der Wand. Bei jedem Schlag auf die Bohrkrone federte der selbstgebastelte Skyhook so verdächtig, daß wir den Handbohrer gerne gegen die Akkubohrmaschine eintauschten. Mit Tom Nagler und Georg Walch erlebte ich Stunden voller Anspannung und Freude, wir alle gaben unser Bestes. Den Riß in der zweiten Seillänge kletterte ich bei der Erstbegehung ohne Bohrhaken, nur mit schwindeligen Klemmkeilen gesichert. Georg setzte die Bohrhaken im steilsten Teil der Kante, fixiert an miesen Haken und Skyhooks, die jederzeit ausbrechen konnten. Einen Meter konnte er nicht frei klettern und da wir unsere Kräfte für den nervenaufreibenden Vorstieg ins Neuland sparen wollten, beschäftigten wir uns nicht näher mit der Stelle – sie würde später schon gehen, meinten wir. Wir kletterten die Erstbegehung mit großem nervlichem und körperlichem Einsatz zu Ende und fieberten der Rotpunkt-Begehung entgegen. Alle Stellen lösten sich gut auf, nur den einen verflixten Meter konnten wir nicht klettern.

In den folgenden Jahren stieg ich jedesmal, wenn ich gut in Form war, wieder in meine Lieblingsroute ein – erfolglos! 1992/93, als das Schlagen von künstlichen Griffen gerade in Mode war und somit jede erdenkliche Linie gelöst werden konnte, war für mich die Versuchung groß, den fehlenden Meter mit einem Kunstgriff zu überlisten. Und was wäre mit der traumhaften Linie geworden – wäre ich diese dann wirklich geklettert? Nein, ich kam zu dem Schluß, daß ich mit einem künstlichen Griff nur die Natur vergewaltigen und mir selbst ein Bein stellen würde! Entweder müßte ich einfach besser klettern oder eine andere Lösung finden. Doch obwohl ich mittlerweile im 10. Grad kletterte, wollte die Stelle nicht leichter werden. Als ich wieder einmal in meiner Route war, fiel mir plötzlich ein Rißüberhang etwas links der Kante auf, der überraschenderweise den Auftakt zu einer noch eleganteren Linie als der ursprünglichen darstellte. Verschiedene Freunde sowie meine Frau Angelika – die ich frei durch die Luft vom Vorbau heraufzog – fungierten 1997 als Sicherungsmannschaft, damit ich diese Wahnsinnslänge im Vorstieg erstbegehen konnte. Meine ersten Versuche im enorm abdrängenden Rißüberhang im 9. Schwierigkeitsgrad waren zaghaft – so viel Luft unter dem Hintern hatte ich noch nirgendwo am Schüsselkar gehabt. Langsam gewöhnte ich mich so gut an die Ausgesetztheit, daß ich es wagte, direkt an der Kante fünf Meter über den letzten Haken hinauszuklettern. Mich nur an einer kleinen Leiste festhaltend, zog ich mit der freien Hand und den Zähnen die Bohrmaschine hoch, ein spannendes Erlebnis in dieser wilden Umgebung! Am 16. Mai 1998 sicherte mich Benni Hangl bei der ersten Rotpunkt-Begehung der gesamten Route (Schwierigkeitsgrad 9/9+). Fast spielerisch kletterte ich an jenem Tag jede Seillänge im Vorstieg und genoß die wunderbaren Kletterstellen sowie die eindrucksvolle Ausgesetztheit in meiner Lieblingsroute. Da ich seit 10 Jahren mein bürgerliches Leben aufgegeben habe und konsequent daran arbeite, möglichst viel Freizeit zu haben, gab ich der Route den Namen „Doc Holiday" – freizügig übersetzt heißt das „Freizeitprofessor".

Heinz Zak

Kletterer am Puiteck, Leutaschtal im Nebelmeer

Blick vom Gipfel der Leutascher Dreitorspitze auf Partenkirchener Dreitorspitze, Meilerhütte, Musterstein und das Alpenvorland

Klettergebiet Meilerhütte

Das Leutascher Platt wird auf der Höhe der Meilerhütte von lohnenden Kletterfelsen umrahmt: Musterstein, Bayerländerturm und Partenkirchener Dreitorspitze bieten interessante Anstiege vom 4. bis 6. Schwierigkeitsgrad. Wer den mühsamen Hüttenanstieg geschafft hat, befindet sich in einem vielseitigen Kletterdorado, in dem jede Route in maximal 15 Minuten von der Hütte aus erreicht werden kann.

Meilerhütte in der Scharte des Dreitorspitzgatterls

Heinz Zak in der Ostwand des Bayerländerturmes (Schwierigkeitsgrad 4+)

Alexander Huber und Toni Gutsch auf dem Grat zur Rotplattenspitze

Am Grat zur Oberen Wettersteinspitze ▷

Wettersteinkamm-Überschreitung im Winter

Dicke Nebelschwaden hängen in den Bäumen und der fahle Lichtkegel der Taschenlampe verstärkt den Eindruck, in einer regenschweren Wolke herumzustochern. Es ist so richtig feuchtkalt, die Haare und der ebenfalls schon feuchtnasse Pullover kleben unangenehm am Körper. Alexander Huber und Toni Gutsch, die mitten in der Nacht von München hergefahren sind, möchten mit mir drei Tage über den Wettersteinkamm klettern. Um vier Uhr in der Früh waren wir von der Schanz in Leutasch gestartet. Wir stochern im wahrsten Sinn des Wortes herum, die Orientierung über den bewaldeten und später mit Latschen überwachsenen Kamm hinauf zur Wettersteinspitze ist sehr schwierig. Stochern tun wir auch deshalb, weil wir immer wieder durch die dünne Harschschicht brechen – es ist so richtig zum Abgewöhnen und meine Stimmung sinkt bis auf den Tiefpunkt! Doch auf dem Gipfel der Unteren Wettersteinspitze wird plötzlich alles anders. Wir stehen genau an der Kante zu einem riesigen Nebelmeer. Nebelfetzen wogen hin und her, verschlucken kurzzeitig den Gipfel, Sekunden später reißt wieder ein blaues Loch in die brodelnde Masse. Für den Rest des Tages spazieren wir wie auf einer Insel über einem unendlich weiten Nebelmeer. Die Schneeverhältnisse sind in diesem Teil der Kette nur mittelprächtig, die lästige Spurarbeit kostet Zeit und Energie: Schneereifen wären der Hit gewesen. Aber wenigstens ist dieser Gratabschnitt relativ ungefährlich – keine Wächten und keine brüchigen Gratpassagen, so daß das Seil im Rucksack bleibt, was natürlich wieder Zeit einspart. Kurz vor Einbruch der Nacht stehen wir vor dem Musterstein. Alexander möchte aufgrund seiner Erfahrungen nicht in der Nacht über den Grat klettern und schlägt vor, hier zu biwakieren. Ich denke an meinen dünnen Schlafsack und den warmen Ofen im Winterraum der Meilerhütte – und kann Alexander überreden, weiterzuklettern. Der Westgrat des Mustersteins ist leichter als erwartet, und letztendlich sind wir alle froh, als wir den bereits

Sonnenaufgang über dem Leutascher Platt und dem Öfelekopf

von zwei Garmischern (die sich morgen über unsere Spuren freuen können) aufgewärmten Winterraum betreten.

Der zweite Tag bringt ein Bergerlebnis der Extraklasse: Gut ausgeruht klettern wir über die Signalkuppe auf die Partenkirchener Dreitorspitze. Die Sonne geht wieder über einem hochstehenden Nebelmeer auf, über dem wir nun unbeschwert und ohne Eile den ganzen Tag seilfrei dahinklettern. Die steilen Felspassagen in gutem Wettersteinkalk sind größtenteils schneefrei. Nach der Überschreitung der Leutascher Dreitorspitze und des Schüsselkars kommen wir erst am Ostgrat der Scharnitzspitze wieder in tiefen grundlosen Schnee. Am Oberreintalschrofen wird der Fels zunehmend brüchiger und splittriger. Der Abstieg über den Westgrat gibt uns einen kleinen Vorgeschmack auf den folgenden Teufelsgrat. Knapp unter dem Gipfel des Hundsstallkopfes wird es dunkel. Wir treten eine Liegefläche in den Schneehang und kochen ein leckeres Reiter-Fertigmenü. Die Nacht dauert fürchterlich lang. Zähneklappernd muß ich immer wieder die eiskalten Füße massieren und ich bedaure, aus Gewichtsgründen keinen warmen Schlafsack wie Alexander und Toni mitgenommen zu haben.

Der Teufelsgrat trägt seinen Namen zu Recht. Der Fels wird unangenehm brüchig, sogar die Gratzacken, an denen wir uns festhalten, vibrieren schon beim Draufklopfen mit den Schuhen. Immer wieder drängen uns Wächten in die schlecht gangbaren Flanken. Ohne Seil ist es uns hier zu gefährlich. Meist klettern wir am laufenden Seil, wobei alle durch Gratzacken oder Schlingen gesichert sind. Wir kommen nur noch langsam vorwärts. Als wir über eine Stunde benötigen, um eine Abseilstelle einzurichten, ist die Motivation bei Alexander und Toni sprichwörtlich im Keller. Am liebsten wären sie über die Westwand abgeseilt, was eine extrem unsichere und wahrscheinlich gefährliche Aktion geworden wäre. Letztendlich kann ich beide dazu überreden, die wenigen Stunden bis zum Gipfel des Hochwanner weiterzugehen. Genau bei Sonnenuntergang stehen wir am markanten Eckpfeiler des Wettersteinkammes, ein schöner Abschlußgipfel für diese Überschreitung. In der Nacht steigen wir zur Tillfußalm im Gaistal ab und wandern zufrieden und um einige Erlebnisse reicher zurück nach Leutasch.

Heinz Zak

Alexander Huber am Grat zum Hundsstallkopf, im Hintergrund Dreitorspitzen und Oberreintalschrofen

Eisklettern

Die Partnachklamm mit ihren zahllosen gefrorenen Wasserfällen ist eines der interessantesten Eisklettergebiete am Nordrand der Alpen. Auch im obersten Talgrund des Reintales gibt es extremste Wasserfallklettereien. Die Route „Zwei Leben" am Hohen Kamm ist eine davon. Eine besondere Herausforderung für Eiskletterer und Winterbergsteiger bietet die 1000 Meter hohe Nordwand der Zugspitze. Sie gehört sicherlich zu den größten Winterunternehmungen im Wetterstein.

Elmar Sprenger bei der Erstbegehung des direkten, 400 Meter hohen Wasserfalles „Zwei Leben" (Schwierigkeitsgrad 6), Hoher Kamm

◁ Alexander Huber bei der zweiten Begehung der 30 Meter hohen Eissäule „Klammbaam" (Schwierigkeitsgrad 6+) in der Partnachklamm

Partnachklamm im Winter

◁ *Sommer wie Winter ist der teilweise als Klettersteig ausgebaute Jubiläumsgrat ein beliebtes Ziel für Bergsteiger. Er führt von der Grieskarscharte auf die Zugspitze und wird gerne mit der Alpspitz-Ferrata kombiniert.*

Die Garmischer Skipioniere Anton und Otto Heinrich erkundeten bereits Ende des 18. Jahrhunderts Wettersteingipfel wie Kreuzeck und Osterfelderkopf. Im Winter 1900 wagten sich Anton Heinrich und Heinrich Lewicki auf die Alpspitze.

Aufstieg zur Alpspitze

Viele Skitouren in der Mieminger Kette erfordern hochalpinen Einsatz.

Aufstieg zur Westlichen Grießspitze

Abenteuer vor der Haustür

◁ *Verschwindend klein wirkt die senkrechte Südwand im Gipfelbereich der Hohen Munde. Blick auf Mieminger Kette und Wetterstein*

Bernhard Hangl im Biwak

Ein lauer Tag im Juli – es ist Viertel nach acht. Ich sitze am Gipfel der 2670 Meter hohen Hochwand in der Mieminger Kette. Hinter mir liegt ein Arbeitstag von 7 bis 16 Uhr. Danach führte mich ein abendlicher Ausflug von Straßberg über die Grießlehnrinne (1450 Höhenmeter, Schwierigkeitsgrad 4+) zur Hohen Munde, weiter über den Grat zum Karkopf und der Hochwand – 4 1/4 Stunden Vollgas, ich bin zufrieden. Nicht nur meine sportliche Leistung macht mich glücklich, sondern auch, daß ich hier oben in meinen heimatlichen Bergen einen wunderschönen Sonnenuntergang erleben kann.

Die Verbundenheit zu diesen Bergen ist schon in meiner Kindheit gewachsen. Wir wohnten ca. fünf Kilometer außerhalb von Telfs am Fuß der Hohen Munde, dort betreute mein Vater ganz alleine das kleine E-Werk in der „Hex". Die Annehmlichkeit, von keinem Nachbarn gestört zu werden, mußte mit vielen Entbehrungen bezahlt werden: Unser täglicher Schulweg war elendslang und im Winter lag hin und wieder soviel Neuschnee, daß wir unsere Kuh vor einen Pflug gespannt als Schneeräumgerät einsetzen mußten. Selbst diese schaffte es manchmal nicht, so blieb uns nur die Schaufel. In bleibender Erinnerung sind mir auch die wilden Unwetter und Murenabgänge, die uns immer wieder von Telfs abschnitten. Von der Schule kommend geriet ich einmal in ein überaus heftiges Gewitter. Mein Vater erwartete mich schon am anderen Ufer des reißenden Baches, der aus der Grießlehnrinne schoß. Er wollte mich zu unserem nächsten Nachbarn, der zwei Kilometer entfernt wohnte, zurückschicken. Ich zog es jedoch vor, das Naturschauspiel live mitzuerleben. Aus sicherer Entfernung schaute ich zu, wie riesige Steine und ausgerissene Bäume samt Wurzeln in atemberaubender Geschwindigkeit den Bach hinunterschossen. Es roch nach aufgewühlter Erde und Schotter. Nach zwei Stunden hatte sich der Bach soweit beruhigt, daß ich ihn mit Hilfe meines Vaters überqueren konnte.

Viele Natur- und Klettererlebnisse binden mich gefühlsmäßig an meine Heimatberge. Eines der eindrucksvollsten ist sicherlich die Winterbegehung der extrem schwierigen Direkten Südwand der Hohen Munde mit meinem Freund Alois Knabl. Nach einem vergeblichen Versuch, den Einstieg über die tiefverschneiten Schrofenhänge von unten zu erreichen, kamen wir auf die Idee, von oben über eine weniger schwierige Route abzuseilen und zum Einstieg hinüberzuqueren. Trotz zweifelhaftem Wetterbericht brachen wir in aller Früh auf. Extrem steile, labile Schneehänge zwangen uns immer wieder dazu, die Skier abzuschnallen, um gefährlichen Zonen der Schneedecke zu Fuß auszuweichen. Um 7.30 Uhr erreichten wir endlich die Abseilstelle. Da wir glaubten, am Abend wieder hier zu sein, ließen wir Schlafsäcke und alles andere, was wir nicht direkt in der Wand benötigten, am Grat zurück. Schlechtes Hakenmaterial verzögerte die

Abseilaktion, so daß wir erst um 11 Uhr in die Route einsteigen konnten. Es zeigte sich, daß die ersten Seillängen im Winter viel schwieriger zu klettern waren als im Sommer. Brüchiges Gestein und herunterhängende Eiszapfen ließen ein flaues Gefühl in unserer Magengegend entstehen. Die folgende Kletterei wurde zu einem Eiertanz zwischen Eis und Fels. Auch der mittlerweile aufkommende eiskalte Wind verhinderte ein schnelles Vorwärtskommen, da wir uns ca. alle 10 Meter die Handschuhe zum Aufwärmen der erstarrten Finger anziehen mußten. Als es dunkel wurde, richteten wir uns auf einem kleinen abschüssigen Absatz für eine Biwaknacht ein. Ohne Schlafsack und Kocher, nur im Biwaksack auf unseren Seilen sitzend, schlotterten wir durch die endlos scheinende Nacht. Die Kälte kroch uns in die Glieder. Von Zeit zu Zeit mußten wir aufstehen, um uns etwas Bewegung zu verschaffen und nicht total einzufrieren. Unsere Beine und Füße waren ohnehin schon schlecht durchblutet, weil wir aufgrund des abschüssigen Absatzes halb im Klettergurt hingen. 2.000 Höhenmeter tiefer lag Telfs und unser Zuhause. Dort wartete eine warme und gemütliche Stube. „Winterbergsteigen ist eben etwas für harte Männer", witzelten wir. Um 1 Uhr begann es zu schneien und bei Tagesanbruch hatte es bereits zwanzig Zentimeter Neuschnee. Schweren Herzens mußten wir abseilen – die Ausrüstung blieb oben – und über die gefährlichen Südhänge absteigen.

Wir warteten auf die nächste Schönwetterperiode, liehen uns eine Skitourenausrüstung und stiegen mitten in der Nacht zu unserem Depot am Gipfel der Hohen Munde auf. Bereits um 8.30 Uhr stiegen wir ein. Trotz Nässe konnten wir den Einstiegsüberhang im unteren 7. Schwierigkeitsgrad und den folgenden Kamin Rotpunkt klettern. Die langsam ansteigende Temperatur ließ die Wand über uns lebendig werden. Steine, Eis und Schneebrocken flogen von oben herab. Über unserem letztmaligen Biwakplatz wurde der Fels zunehmend brüchiger. In heikler Kletterei erreichten wir den Beginn eines steilen Kamines, durch den trotz des Eises Wasser heruntterschoß. Für uns war klar, daß wir nach Durchkletterung dieses Wasserfalles nicht mehr biwakieren durften, da wir sonst bei untergehender Sonne zu zwei Eissäulen gefrieren würden. Nach zwei Seillängen im gefährlichen Kamin erreichten wir total durchnäßt ein kleines Schneefeld, den Ursprung des Wasserfalles. Über leichteres Gelände gelangten wir um ca. 17 Uhr auf den Gipfel. Überglücklich gaben wir uns die Hände.

Solche Abenteuer sind das Salz in der Suppe unseres Lebens. Der gewaltige Sonnenuntergang verstärkte unser Gefühl der Zufriedenheit. Nach einer ausgiebigen Rast stiegen wir zu unserem Depot ab und brachen mit den immens schweren Rucksäcken Richtung Leutasch auf. Im letzten Tageslicht fuhr ich unbekümmert in den 35 Grad steilen Hang ein, bemerkte jedoch rechtzeitig, daß die oberste Schicht bockhart war und blieb sofort stehen, um Luis auf die Gefahr aufmerksam zu machen. Zu spät. Beim zweiten Schwung rutschten ihm die Skier weg und er beschleunigte wie eine Rakete Richtung Hochgriesrinne. Dort würde es kein Halten mehr geben. Nach einer vierzig Meter langen Rutschpartie gelang es ihm in letzter Minute doch noch irgendwie auf die Ski zu kommen und die tödliche Talfahrt zu stoppen. Mit Steigeisen setzten wir unseren Abstieg durch den Bruchharsch fort und erreichten die Rauthhütte, wo uns der freundliche Hüttenwirt willkommen hieß. Nach einer ausgedehnten Mahlzeit und einem Viertel Wein fielen wir todmüde ins Bett.

Dieses Abenteuer im Gebirge vor unserer Haustür hat sich tief in mein Gedächtnis eingegraben. Selbst nach 16 Jahren ist die Erinnerung in mir noch total lebendig.

Bernhard Hangl

*Vom Ostgipfel der Hohen Munde Blick auf
Lechtaler Alpen und Mieminger Kette*

*Westgipfel der Hohen Munde mit Lechtaler
Alpen und Wettersteingebirge*

Blick vom Ostgipfel der Hohen Munde auf die Leutascher Dreitorspitze

Der tiefverschneite Grat erfordert höchste Konzentration.

Überschreitung der Mieminger Kette

Bereits im Winter des Vorjahres waren Bernhard Hangl, Elmar Sprenger und ich monatelang auf der Lauer gelegen, um die optimalen Bedingungen für eine Winterüberschreitung der Mieminger Kette abzuwarten. Als es endlich zu klappen schien, bekamen wir plötzlich den Floh ins Ohr, doch lieber die Eiger-Nordwand zu klettern. Kurzentschlossen fuhren wir nach Grindelwald. Die Wand schaute trotz des gefallenen Neuschnees nicht mal so schlecht aus und voller Optimismus ließen wir uns von der Bahn zur Station Eigergletscher tragen. Unsere Ambitionen erstickten jedoch sprichwörtlich im metertiefen Neuschnee, der sich am Wandfuß gesammelt hatte, und die ständig rieselnden Neuschneefahnen in der Wand bekräftigten unsere Entscheidung, lieber wieder heimzufahren. Bennis Frau Elfriede hatte es in Anbetracht der wilden Mordwand besonders gut mit uns gemeint und eine gewaltige Tupperwaredose mit Wurstbroten gefüllt. Bevor wir in die Bahn gestiegen waren, hatten wir noch in uns hineingestopft, was wir essen konnten – schließlich brauchten wir dafür weniger im Rucksack tragen. Nach dem gescheiterten Versuch waren wir so frustriert, daß wir die restlichen Brote auch noch vertilgten und recht angefressen nach Hause zischten.

Tage später saß uns der Frust noch so tief in den Knochen, daß wir das einzige Wochenende, an dem die Mieminger Überschreitung noch möglich gewesen wäre, tatenlos verstreichen ließen. Das sollte mir nicht wieder passieren! Die Taktik für den nächsten Winter war, erst gar nicht auf die besten Bedingungen zu warten. Wir wollten ja nicht ein Rennen mit der Stoppuhr veranstalten, sondern einfach unser Ziel verwirklichen. So war Benni recht verwundert, als ich mich am 21. Januar spontan bei ihm mit dem Vorschlag meldete, es doch einfach zu versuchen. Schließlich konnten wir ja nichts verlieren, und wir warnten unsere Frauen vorsichtshalber, daß wir ohne weiteres schon am ersten Abend wieder zu Hause sein könnten.

Wie gewohnt konnte ich die Nacht vor so einem Unternehmen so gut wie gar nicht schlafen, ich war aufgedreht und befürchtete, beide Wecker zu überhören. Das Klingeln um 2.20 Uhr war eine Erlösung. Um 3.00 Uhr trafen wir uns pünktlich wie immer bei Benni, sortierten wortkarg das Material und verteilten alles gleichmäßig auf unsere Rucksäcke. Aus Erfahrung wußten wir, daß gerade bei solchen Unternehmungen jedes Gramm auf die Waagschale zu legen war, und so hatten wir uns von vornherein auf das Allernotwendigste beschränkt – Luxusartikel wie Schlafsäcke und Liegematten blieben zu Hause. Elmars Freundin Doris brachte uns zum Arzkasten, und um 3.40 Uhr starteten wir in ein Abenteuer, dessen Dimensionen wir überhaupt nicht abschätzen konnten.

Der ca. 12 Kilogramm schwere Rucksack war unangenehm, ich schwitzte ungewohnt viel, mein Körper rebellierte gegen die frühe Belastung. Die Aktion erschien mir plötzlich ziemlich sinnlos – Gott sei Dank wußte ich von früheren Überschreitungen, daß mir genau diese Phase des Unternehmens, der erste große Anstieg hinauf auf eine Bergkette, immer am unangenehmsten in Erinnerung blieb. Unsere Aluschneereifen erleichterten den Aufstieg erheblich. Am kilometerlangen Grat vom Grünstein zur Grünsteinscharte dämmerte es. Die innere Anspannung hatte nachgelassen, war einer positiven Einstellung gewichen. Gerade während dieser Tageszeit verliere ich mich am liebsten in Träumereien. Eindrücke von meinen Winterüberschreitungen dreier Karwendelketten im Alleingang tauchten auf, die Wächten am Grat erinnerten mich wieder an dieses wilde Erlebnis in der vierten Karwendelkette, bei dem mir eine ca. sieben Meter lange und drei Meter breite Wächte mit ohrenbetäubendem Knall genau zwischen den Füßen gebrochen war und ich nur zufällig auf einem Fuß sitzenblieb und nicht wie

Plastiksäcke wärmen die kalten Füße beim Biwakieren in einer Schneehöhle ohne Schlafsack.

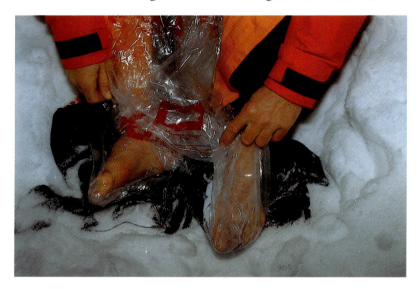

die Wächte über eine 150 Meter hohe Wand hinunterdonnerte. Ja, ich würde besonders auf diese Giftviecher aufpassen.

Nur Minuten später machte ich vorausspurend eine extra weite Ausweichkurve vor einer uneinsichtigen Grateinbuchtung mit dem Vorsatz, eventuellen Wächten mindestens zwei Meter auszuweichen. Mit dumpfem Krachen löste sich plötzlich eine riesige Wächte, der Abriß lag gerade mal 20 cm neben meiner Spur. Na Mahlzeit – der Warnschuß war laut genug gewesen! Aus der Grünsteinscharte kletterten wir seilfrei in den teils senkrechten und ziemlich brüchigen, leicht verschneiten Abbruch des Westgrates der Grießspitze. Elmar kletterte gerade voraus, ruhig und überlegt wie immer. Aufgrund gemeinsamer Erlebnisse hatten wir alle Vertrauen zueinander und waren gleichwertige Partner, was für ein derartiges Unternehmen von größter Bedeutung ist. Aber ich war dann doch überrascht, als ich in der schwierigsten Stelle stand: die Tritte waren rutschig, die Griffe brüchig, das Gelände ausgesetzt und ganz schön steil! Und nach dem Westgipfel der Grießspitze kamen erst die anspruchsvollen Gratürme. Wir sahen ein, daß wir am laufenden Seil schneller vorankommen würden. Vor allem der Seilerste konnte wesentlich zügiger in gefährliche Passagen hineinklettern, und die beiden Nachkommenden würden im Fall eines Sturzes auf die richtige Gratseite springen bzw. die Gratürme und Sicherungsschlingen würden gröberes Unheil verhindern.

Die Zeit verging wie im Flug. Alle 20 bis 30 Minuten wechselten wir uns im Spuren ab. Um 19 Uhr erreichten wir die Scharte zwischen der Östlichen Grießspitze und der westlichen Mitterspitze. Wir hatten ca. drei Tage für die Überschreitung eingeplant und laut Elmar – unserem Gebietsspezialisten, der die Überschreitung im Sommer im Alleingang vom Gipfel des Grünsteines bis zur Hohen Munde in 17 Stunden gemacht hatte – lagen wir noch im Zeitplan.

Knapp unter der Scharte schaufelten wir eine recht komfortable Schneehöhle aus und während der Benzinkocher stundenlang surrte, um einen köstlichen Jägertopf von Reiter zu kochen und Wasser für einen Mineraldrink zu schmelzen, versuchten wir, aus unseren Rucksäcken, den Seilen und diversen Plastiksäcken eine halbwegs bequeme Unterlage zu basteln, auf der wir halb sitzend, halb liegend die Nacht verbringen konnten. Bis wir fertig gekocht hatten, war uns bereits so kalt, daß an Schlafen erst gar nicht zu denken war. Unsere wohlerprobten Mountain-Equipment-Schlafsäcke lagen zu Hause! Ich konnte machen, was ich wollte, meine Zehen und Füße wollten nicht warm werden. Benni und Elmar erging es kaum besser. Die dunklen Stunden wollten nicht vergehn. Es war eine richtige Erlösung, als wir um 4 Uhr wieder mit dem Kochen begannen und bald darauf ein heißes Getränk unsere starren Glieder auftaute.

Obwohl wir am zweiten Tag das Herzstück der Kette überschritten, flossen die vielen Eindrücke in mir zu einem einzigen, nicht klar zu differenzierenden Brei zusammen: Turm auf, Turm ab, Querung in der Nordseite, Querung in der Südseite, wir ritten über handbreite Gratschneiden, balancierten über durchsichtige Wächten, kletterten über brüchige Pfeiler, wühlten uns

*Bernhard Hangl und Elmar Sprenger auf dem
Grat zur Östlichen Grießspitze*

durch tiefverschneite Rinnen wieder auf irgendeine Turmscharte. Nur der Südgrat auf den Mitterturm blieb mir klar in Erinnerung. Wir waren langsamer geworden. Das ständige Auf und Ab hatte an unserer Kraft gezehrt, die ständig neu zu treffenden Entscheidungen und die gefährlichen Passagen an unseren Nerven. Jeder war froh, wenn ein anderer vorausging. Wahrscheinlich ließen wir uns nur aus diesem Grund von einem extrem brüchigen, zerfurchten Gratabschnitt südseitig in die Flanke abdrängen. Hüfttief wühlten wir uns ca. 100 Meter unter dem Grat entlang, bis wir schweren Herzens aufgaben. Der Verhauer hatte uns gut 1 1/2 Stunden gekostet. Müde standen wir in der Abenddämmerung am Gipfel des Hochplattig. Ein frischer Wind pfiff über die Gratschneide. Während das Licht des Tages immer schwächer wurde, breite-

Mieminger Kette über dem Nebelmeer des Inntales

te sich das fahlgelbe Licht des Vollmondes über die Kette aus. Noch 700 Meter Luftlinie zum Ostgipfel – die sollten wir noch machen. Wir spurten in gleichmäßigem Tempo weiter, der Kopf war angenehm leergeblasen – es drängte mich nichts mehr, irgendwelchen Gedanken nachzugehen. Sie zogen unberührt vorbei wie die kleinen Lichtpunkte auf der Autobahn im Inntal weit unter uns.

Nach weiteren vier Stunden war das ständige Auf und Ab in Scharten und Türmen endlich vorbei. Um 21 Uhr schaufelten wir eine weniger komfortable Höhle und kochten diesmal bis 24 Uhr. Bennis Spezialtip – wir steckten die bloßen Füße in Plastiksäcke und zogen die Socken darüber an – verhalf mir zu warmen Zehen und der angenehme Gedanke, nur vier Stunden in diesem schrägen Loch liegen zu

müssen, zu einem kurzen, traumlosen Schlaf. Am dritten Tag war unser Antrieb noch schwächer geworden. Jedes Hindernis erschien auf einmal größer und schwieriger als am Anfang. Giftige Gratzacken zwangen uns zu komplizierten und langwierigen Abseilmanövern in die verschneite und vereiste Nordseite. Die greifbar nahe Alplscharte schien nicht näher kommen zu wollen. Apathisch querten wir steilste Schrofenhänge, überwanden schlecht gesichert eine saudumme Plattenstelle. Nicht einmal das Abgehen eines Schneebrettes, das für Elmar ganz schön gefährlich war, riß mich richtig aus dem Trott. Mittags waren wir endlich auf der Alplscharte. Nach einer gemütlichen Rast schienen wir genau zur richtigen Zeit für die Naßschneelawinen an den Südhängen der Hohen Wand angekommen zu sein. Benni hatte gerade durch den nassen Schnee gespurt und war stehengeblieben. Er und auch Elmar wollten die gefährlichen Hänge in den nächsten Stunden nicht queren. Mir erschienen die Hänge nicht so gefährlich – ich hatte sozusagen kein ungutes Gefühl im Bauch, zumindest vorerst. Außerdem gab ich zu bedenken, daß wir drei bis vier Stunden warten müßten, die immens wichtig für uns waren, um die Niedere Munde noch zu erreichen, wo unser Freund Luis Knabl Trinken und Essen für uns deponiert hatte. Also spurte ich voraus und versuchte die gefährlichen Hänge so zu queren, daß ich einerseits tief genug war, um eine Lawine aus dem nicht einsehbaren Gipfelhang über mir frühzeitig erkennen zu können und andrerseits nicht zu tief kam, weil die Gefahr einer großflächigen Lawine damit bedeutend gewachsen wäre. Als Spurender sah plötzlich alles etwas gefährlicher aus, die großen weißen Flächen über mir glänzten bedrohlich. Plötzlich löste ich einen kleinen Schneerutsch aus, der rapide zu einer riesigen, ca. 100 Meter breiten Schneelawine anwuchs. Das Kar und die Wände unter uns hallten wie vom Startgeräusch eines Düsenjägers wider. Dennoch glaubte ich auf meiner Spur recht sicher zu sein und steuerte zielstrebig auf eine Felsrippe zu, die später auch Benni und Elmar unbeschadet erreichten. Zwei weitere Schneerutsche berührten uns nicht weiter.

Am Ostgipfel der Hohen Wand erlebten wir wieder einen typischen Schönwetter-Sonnenuntergang – keine spektakulären Wolkenspiele, keine tieforangen Bergspitzen, nur ein kurzes, zartes Rosa vor tiefblauem Himmel. Trotzdem freute ich mich unbändig, dieses Farbenspiel hier oben miterleben zu dürfen. Der vom Inntal aus geradezu lächerlich wirkende Abstieg über den Karkopf zum Sattel der Niederen Munde war unangenehmer als erwartet. Steile Schrofenhänge erforderten höchste Konzentration und ein langwieriges Abseilmanöver, bei dem wir uns letztendlich einem nur quer belastbaren Block anvertrauten, schien ewig zu dauern. Elmar knackte mit dem unangenehm rutschigen und schlecht gesicherten Steilaufschwung auf den Gipfel des Karkopfes das vorerst letzte Hindernis. Doch unsere Euphorie währte nur kurz. Wir konnten einfach keine sichere Abseilverankerung für den Abstieg über den Karkopf-Ostgrat ausfindig machen. Wie Wühlmäuse gruben wir im tiefen Pulverschnee sprichwörtlich nach der Nadel im Heuhaufen. Nur einen kleinen, vielleicht 20 Zentimeter breiten und 10 Zentimeter aus dem gefrorenen Boden herausragenden Felskopf konnten wir auftreiben. Wir wollten den Gipfel so schnell wie möglich verlassen. Schon seit geraumer Zeit war ein bissiger Wind aufgekommen und milchig weiße Wolkenfetzen vor dem Vollmond kündeten einen Wetterumschwung an. Am liebsten hätten wir in den Felsklotz hineingeschaut – aber jedes Klopfen, um seine Festigkeit zu überprüfen, hätte ihn lockern können. Mit großen Augen starrte ich auf das undurchsichtige Stück Fels – war es nur ein angefrorener Stein, der bei dementsprechender Belastung einfach wegplatzen würde? Wir sicherten Bennis Abseilfahrt zusätzlich. Lange blieb es still, denn Benni konnte keinen zuverlässigen Standplatz finden. Die eisige Kälte, die der Wind brachte, kroch immer tiefer in mich hinein. Das letzte Gratstück war eine unangenehme Belastungsprobe. Endlich konnten wir eine weitere Abseilstelle einrichten und erreichten den überraschend tief verschneiten Grat.

Um 2 Uhr nachts erreichen wir den Westgipfel der Hohen Munde.

Plötzlich lag metertiefer, loser Pulverschnee! Nicht einmal unsere bewährten Aluschneereifen konnten hier richtig Abhilfe schaffen. Die Vorfreude auf das von Luis heraufgetragene Essen und Trinken war um Mitternacht nach Erreichen des Sattels angesichts des heftigen Windes bald verflogen. Statt gemütlich zu rasten, die belegten

Brote zu genießen und uns über die Fruchtsäfte zu freuen, stopften wir alles lustlos und schnell in uns hinein. Unsere Stimmung war trotz des greifbaren Erfolges nicht besonders. Da wir keine weitere Nacht ohne Schlafsack im Freien verbringen wollten, beschlossen wir, die ganze Nacht weiterzugehen. Um 4.30 Uhr standen wir auf dem Westgipfel der Hohen Munde.

Beim Abstieg vom Ostgipfel Richtung Leutasch merkte ich, wie mit jedem Schritt die Anspannung nachließ und einer wohligen Müdigkeit Platz machte. Während einer kurzen Rast verschwamm sofort die Wirklichkeit mit angenehmer Träumerei, es war so, als ob ich als Außenstehender meine eigenen Träume beobachten könnte – ein witziges Spiel, dem ich mich fasziniert hingab.

Bei unserer Ankunft in Leutasch verfärbten sich die aufreißenden Wolken zu einem Feuerwerk an Farben – sichere Vorboten des folgenden Wettersturzes. Als um 7.45 Uhr Angelika und Doris mit dem Auto angerollt kamen, mußte ich lachen – was sind das bloß für Kisten, in die man einsteigt und davonfahren kann. Ich schien aus einer ganz anderen Welt zurückzukommen – in eine Welt, die mir in nur drei Tagen fremd geworden war.

14 Tage später gelang uns eine Winterdurchsteigung der Eiger-Nordwand. Viele fragten, ob wir die Mieminger Kette als Training für dieses Unternehmen gemacht hätten. Wir sagten, daß es eigentlich umgekehrt hätte sein müssen. Gewiß, bei einer Überschreitung kann man an vielen Stellen einfach absteigen und das Unternehmen abbrechen – das ist in der 1.800 Meter hohen Eiger-Nordwand sicher nicht möglich. Aber wenn der Rucksack auf den Schultern lastet und tagelange Strapazen bei äußerster Konzentration hinter einem liegen, will man einfach nicht mehr aufgeben, auch wenn es eine extrem harte Belastungsprobe ist. Wir waren fast ohne Unterbrechung gegangen, am ersten Tag 15 Stunden, am zweiten 14 Stunden und am dritten Tag 25 Stunden. Das Tempo ergab sich aus den herrschenden Bedingungen. Auf die Idee, schnell sein zu wollen, wäre ich gar nicht gekommen. Ich war überrascht, als mir Elmar erzählte, ein Mieminger Gebietsspezialist hätte gemeint, wir wären recht langsam gewesen. Angesichts unserer fabelhaften Kondition konnte ich darüber nur lächeln und dachte: nicht reden, sondern machen, Freunde!

Heinz Zak

Auf dem Westgrat des Hochplattig erleben wir den Mondaufgang über dem Karwendel.

Wettersteinspitzen von Krün aus

Alpspitze und Waxenstein von Norden

Licht und Schatten
Eine Woche zu Fuss durch Wetterstein und Mieminger Gebirge

◁ *Öfelekopf über den Blumenwiesen des Leutaschtales*

Dohle in der Grünsteinscharte

An klaren Tagen schweben die glitzernden Silberberge wie Märchenburgen über den dunstigen Ebenen des Alpenvorlandes, erwecken Sehnsucht nach unberührter Natur, frischer Gipfelluft, unbegrenztem Fernblick. Gewaltig thront die massige Kalkwand des Wettersteins über den üppigen Wiesen des Loisachtals, droht einen schier zu erschlagen. Erst beim Näherkommen löst sich die Spannung.

Blumengeschmückte Häuser, stolze Kirchtürme, frischgrüne Wiesen auf sanft gewellten Buckeln, tiefblaue Bergseen und heimelige Nadelwälder zieren die Nordseite des Gebirges und schlagen schnell Brücken zu den unnahbaren Felsbastionen und ihren grauen Wandfluchten, zackigen Graten, verkarsteten Hochflächen und sparsam eingebetteten Gletschern. Wie Licht und Schatten teilt der Kamm des Wettersteins das Erscheinungsbild der Landschaft. Auf der zu Tirol gehörenden Südseite verlieren sich steile, gelbgraue Plattenwände in öden Schuttströmen, die nahtlos in grüne Grashänge übergehen, die sich im Herbst ockergelb färben. Nur spärliche Rinnsale plätschern durch den steilen, felsdurchwachsenen Hochwald auf die ruhigen Almwiesen des Gaistales und speisen die grünschimmernden Fluten der Leutascher Ache.

An einem wunderschönen Morgen brechen wir von Leutasch auf, um dieses Gebirge zu erkunden. Im Licht der aufgehenden Sonne glänzen die frischgemähten Wiesen im Leutaschtal in einem saftigen Grün. Letzte Nebelschwaden vom nächtlichen Gewitter kleben unbewegt in den mauergleichen Bergflanken des Wettersteinkammes. Das Gewitter der letzten Nacht hat dem Namen des Gebirges alle Ehre gemacht: mit ungebrochener Gewalt war die Gewitterfront an das Bollwerk gestoßen; ohne Vorwarnung war plötzlich vom Bayerischen herein eine pechschwarze Wolkenhaube über den Wettersteinkamm geschwappt und hatte binnen Minuten zuerst die Berge und in Blitzeseile auch das Becken über Leutasch in einen Hexenkessel verwandelt.

Wir wollen auch aus anderen Gründen früh genug unterwegs sein: In der ostseitig exponierten und durch den Kranz von Bergen windgeschützten Karsthochfläche des Leutascher Platts und dem letzten Steilanstieg zur Meilerhütte wollen wir nicht wie Brathendl am Spieß gegrillt werden – und da wäre noch der mögliche Abstecher auf die Leutascher Dreitorspitze, mit der wir liebäugeln. Momentan liegt all das noch in weiter Ferne. Wir gehen durch dichten Wald. Ein schmaler Steig führt in das versteckte Bergleintal. Ich bin überrascht, wie schnell ich hier wirklich „in den Bergen" sein kann. Es gibt Wanderwege, auf denen ich das Gefühl der Stadt- und Zivilisationsnähe nie so richtig los werde. Aber ausgerechnet hier, in diesem nicht übermäßig großen Gebirge, das als übererschlossen gilt, gelingt mir der Ausstieg aus dem Tal mühelos. Seit geraumer Zeit begleitet uns das

Rauschen des Baches, der sich tief in den Kalk gefressen hat. Gemsen queren die schattigen Schutthänge unter dem Öfelekopf. Ein leiser Wind treibt das Blöken der Schafe zu uns herüber, die auf dem spärlichen Grasrücken unter dem Musterstein nach Futter suchen. Nach zahlreichen Serpentinen wird der Weg nun flacher und zieht leicht ansteigend über die wellige

Vom Frauenalpl aus hat man einen herrlichen Rundblick auf die Berge über dem Reintal, vom Teufelsgrat über die Zugspitze bis zur Alpspitze.

das Zugspitzplatt auf die Zugspitze. Die Etappe des letzten Tages, auf die Gehrenspitze und durch das Puittal nach Leutasch, liegt direkt unter uns.

Am zweiten Tag geht's zunächst einmal abwärts. Vorbei am interessanten Konglomerat unter der Meilerhütte, weiter über die grüne Schafweide des Frauenalpl und hinunter zum Schachenschloß. Der Ausdruck „Schloß" mutet angesichts des ganz normalen Holzhauses etwas übertrieben an. Es lohnt sich, in der Wirtschaft bei einem Kaffee auf die Schloßführung durch den Wirt zu warten. König Ludwig II., ein romantischer Bergliebhaber, hatte sich hier ein kleines Refugium bauen lassen, in das er sich zu seinen Geburtstagen zurückzog. Im „Türkischen Saal" mit seinen bunten Glasfenstern und von Gold glitzernden Kostbarkeiten fühlt man sich hineinversetzt in eine völlig andere Welt. Noch empfehlenswerter ist es, die Wartezeit auf die Schloßführung durch den Besuch des Alpengartens abzukürzen, der nur zwei Minuten unter dem Schloß gelegen ist. Seit 1901 betreibt hier der Botanische Garten in München diese Außenstelle. Auf fruchtbaren kalkarmen Raiblerböden gedeihen über 1800 verschiedene Alpenpflanzen aus verschiedenen Kontinenten – ein absolutes Highlight für jeden Blumen-

Karstfläche des Leutascher Platts. Obwohl wir den Gipfeln bereits recht nahe sind, ist von der Meilerhütte noch nichts zu sehen. Erst kurz davor entdecken wir die kleine Hütte, die wie ein Adlerhorst in einer Scharte klebt. Schweißgebadet kommen wir an und löschen erst mal den Durst. Da das Wetter gut bleibt, steigen wir am späten Nachmittag über einen mühsamen Steig entlang von Schuttreisen und zuletzt durch schrofige, zum Teil mit Drahtseilen versicherte Risse auf die Leutascher Dreitorspitze. Dieser von der Aufstiegsroute aus eher unscheinbar aussehende Berg gilt zu Recht als einer der schönsten Aussichtsberge. Von hier hat man den schönsten Gesamtüberblick über das Wettersteingebirge, und wir gewinnen einen guten Eindruck über die Etappen der folgenden Tage. Elendstief drunten liegt das Reintal, in das wir morgen absteigen werden. Gut erkennen wir den Aufstieg zur Knorrhütte und den Weiterweg über

Blick vom Schachenschloß auf Hochblassen und Alpspitze

Türkischer Saal im Schachenschloß

Schachenschloß

König Ludwig II., der sich gerne in die Einsamkeit der bayrischen Berge zurückzog, ließ sich 1870 auf dem Schachen ein Schlößchen bauen. Während das hölzerne Bauwerk von außen wie eine einfache Berghütte wirkt und sich harmonisch in die Umgebung einfügt, überrascht die verschwenderische Pracht des türkischen Saales im Obergeschoß den Besucher. König Ludwig ließ sich hier von Dienern, die in türkische Gewänder gekleidet waren, in eine orientalische Umgebung versetzen. Die Berge um ihn wurden zum Himalaya und die Bergwiesen zum geliebten Tal von Kaschmir.

Viel Zeit konnte Ludwig jedoch nicht am Schachen verbringen. Nur ein paar Mal feierte er hier seinen Geburtstag und blieb jeweils ca. eine Woche.

Alpengarten am Schachen

In den Tälern des Wettersteins können wir eine Vielfalt von Blumen wie Enzian, Mehlprimel und Silberwurz bewundern, in den Wäldern finden wir den Seidelbast und in den Latschen die Berganemone. In den kargen Höhen begrüßen uns Alpenrosen und Schneeheide, und aus den Wänden leuchten im Frühjahr die gelben Bergaurikel.
Im Alpengarten am Schachen kann jeder Blumenfreund, Wanderer oder Bergsteiger Gebirgspflanzen aus fernen Ländern und vor allem auch eine überwältigende Vielfalt von Blumen aus dem Nahbereich bestaunen und ihre Namen kennenlernen. Bereits im Jahre 1900 wurde der Garten auf Veranlassung des Münchner Botanik-Professors Dr. Karl von Goebel angelegt und am 13. Juli 1901 eröffnet. Wissenschaftliches Interesse war ein wesentliches Motiv für seine Gründung, und eine Reihe von Forschungsarbeiten entstand hier. Er ist eine Abteilung des Botanischen Gartens in München und wird vom Freistaat Bayern finanziert. Der Schachen bietet ideale Bodenverhältnisse. Neben dem Wettersteinkalk gibt es hier auch Raiblerschichten, deren kalkarme Sandsteine die Möglichkeit bieten, auch kalkmeidende Pflanzen zu kultivieren. Wir treffen hier viele Alpenpflanzen an, die in freier Natur kaum zu finden sind, da sie nur an ganz bestimmten Standorten auftreten. Der Schachengarten ist von Anfang Juli bis Mitte September geöffnet.

Zirbe am Schachen

◁ *Alpengarten am Schachen*

Winzige Silhouette des Schachenschlosses am Fuße der Dreitorspitzen ▷

Vordere Blaue Gumpe im Reintal vom Schachenpavillon aus ▷▷

111

freund! Wer hier die Wanderung abbrechen will, kann zum Schloß Elmau oder zum Ferchensee absteigen und von dort entweder weiter nach Mittenwald wandern oder über den berüchtigten Franzosensteig, auf dem Mittenwalder die französischen Soldaten während der Napoleonischen Kriege ins österreichische Leutaschtal führten, wieder nach Leutasch zurückkehren.

Beim Abstieg Richtung Reintal haben wir wunderbare Ausblicke auf die spitzen Türme und Wände des Oberreintales, das beliebteste Klettergebiet auf der Nordseite des Wettersteingebirges. Der idyllische Talboden mit der verträumten Hütte könnte einen leicht verleiten, diese zu besuchen. Aber Vorsicht! Für Wanderer ist die Hütte tabu und „Menschen dieser Spezies" werden auch sonst nicht gerne gesehen im Oberreintal – ein deutliches Hinweisschild gibt darüber Auskunft. Wer sich nicht daran hält und neugierig das Verbotene erkunden will, muß mit bösen Überraschungen rechnen. Der Zuruf „Hei mi leckst am Arsch" ist allerdings nicht böse gemeint – dies ist der übliche Klettergruß aus den Wänden, den der legendäre Wirt der Oberreintalhütte Franz Fischer eingeführt hat. Wir haben ohnehin etwas Besseres vor. Wir freuen uns schon auf ein Bad in der Blauen Gumpe.

Über eine Steilstufe absteigend erreichen wir das wildromantische Reintal. An der Bockhütte vorbei, immer der jungen Partnach durch den frischgrünen Wald folgend, erreichen wir mühelos den kleinen See der blauen Gumpe, dessen Wasser – für meine Augen zumindest – nicht blau, sondern smaragdgrün ist. Wir haben Glück – noch vor 14 Tagen war der See so gut wie ausgetrocknet. Die heftigen Gewitter der letzten Tage haben die Gumpe sogar zum Überlaufen gebracht. Eine verrückte Umgebung für ein Bad: links und rechts schießen die Wände und Bergflanken über 1.000 Meter auf die Gipfel hinauf, und nur einen Kilometer westlich befin-

◁ *In der Blauen Gumpe spiegeln sich*
◁◁ *Hochwanner-Nordwand und Plattspitze.*

Charly Wehrles hochalpiner Lido auf der Reintalangerhütte

det sich der Einstieg in die gewaltige, 1.400 Meter hohe Nordwand des Hochwanners, eine der höchsten Wände in den Ostalpen.

Etwas träge von Sonne und Wasser machen wir uns auf den Weiterweg. In der Südflanke des Hohen Gaif ist es jetzt recht warm, der Boden ist so richtig aufgeheizt. Um so freudiger begrüßen wir dann den wahrscheinlich weltweit einzigartigen hochalpinen „Lido". Charly Wehrle, der vielseitig begabte Hüttenwirt der Reintalangerhütte, hat der Umgebung der Hütte eine ganz persönliche Note gegeben. Tibetische Gebetsfahnen hängen von der Hütte quer über den Bach. Auf den Sandbänken stehen Tische mit farbigen, in die Landschaft passenden Sonnenschirmen. Wir kommen gerade noch rechtzeitig, um eine große Radlermaß zu schnappen, bevor sich Charly mit seinem liebenswerten Team um 16 Uhr am „Lido" ebenfalls eine Kaffeepause gönnt. Wir waten durch die als kleines Bächlein vorbeiplätschernde Partnach und rasten für den Rest des Nachmittags an einem der Tische. Abends servieren Charly und sein Team ein musikalisches Dessert, das zum Allerfeinsten gehört. Der gemütliche Ort lädt ein, einen weiteren Tag hier zu verbringen – Sie können den „Lido" im Reintal als Rasttag einplanen.

Wir streben am nächsten Tag nach Höherem, nämlich dem höchsten Berg Deutschlands. Früh erreichen wir den lieblichen Talschluß, wo die Partnach entspringt, und auch der Steilanstieg über einen Felsriegel zur Knorrhütte nimmt weniger Zeit in Anspruch als erwartet. In der Hütte angelangt sind wir bei Jürgen Stoll in besten Händen. Wir beziehen unsere Zimmer und machen uns mit einem kleinen Tagesrucksack auf den Weg über das Platt auf die Zugspitze. Es gibt romantischere Annäherungen an einen Berg: Schlepplifte, apere Skipisten, dann der Zahnradbahnhof „Sonn Alpin", wo wir in das Getümmel der Tagesgäste eintauchen, um uns eine Erfrischung zu gönnen. Der bayerische Maibaum vor dem Gebäudekomplex – dekoriert mit Schildern, die u.a. eine vollbusige

*Wo das Zugspitzplatt steil ins Reintal abbricht,
befindet sich die Knorrhütte.*

Der Felseinschnitt des Gatterls ermöglicht einen einfachen Übergang auf die Südseite des Wettersteins.

Schneefernerkopf, Wetterspitzen und Plattspitzen spiegeln sich im Seebensee. ▷

Wiesnkellnerin zeigen, stimulieren einen ja schließlich! Das wohlverdiente Bier auf der Sonnenterrasse, die in heißen Rhythmen erzittert, hat uns müde gemacht. Die Idee, mit der Seilbahn in ca. fünf Minuten auf den Gipfel zu schweben anstatt uns über die Schutt- und Schrofenhänge hinaufzuquälen, findet freudige Zustimmung. Warum nicht auch wir, wenn schon zigmillionen Menschen vor uns von den bayerischen und österreichischen Zugspitzbahnen Richtung Gipfel befördert worden sind. Die Vorstellung, direkt am höchsten Gipfel eines Staates eine Seilbahnstation mit allem Drum und Dran – vom Schnellimbißrestaurant über Videoraum bis hin zur Kunsthalle – vorzufinden, mag so manchen „Individualbergsteiger" abschrecken, aber der muß ja nicht herkommen – es sind ohnehin schon genug hier!

Die Atmosphäre ist wesentlich angenehmer und entspannter als erwartet: kein hektisches Gedränge, lachende, staunende, zufriedene und dankbare Gesichter auf der Gipfelterrasse. Einzelne Wagemutige haben das Schild „Achtung Lebensgefahr" mutig hinter sich gelassen und sind über einen mit Drahtseilen und Eisenleitern versicherten Steig auf den ca. 50 Meter entfernten Ostgipfel der Zugspitze gestiegen. Dort oben bleibt uns vorläufig der Mund offen – nicht wegen der dünnen Luft – die Zugspitze hat mit 2.963 Metern Höhe leider die magische 3.000er Marke verfehlt –, sondern wegen der unglaublichen Fern- und Aussicht, die wir von hier oben ungestört genießen. Wenn mir jemand erzählte, man könne an noch klareren Tagen nicht nur den Olympiaturm in München, sondern auch den Eiffelturm in Paris sehen, würde ich es auch noch glauben – ich glaube immer alles, was mir die Leute erzählen! Mein Blick reicht vom Großglockner über Zillertaler, Stubaier und Ötztaler Alpen bis hin zu den Schweizer Bergen. Trotz Seilbahn und Gipfelstadt sind diese Stunden am Zugspitzgipfel eines der Highlights der Woche, was wir am Abend in der Knorrhütte auch dementsprechend feiern.

In der Morgensonne wandern wir über die karstigen Buckel des Platts leicht an- und absteigend hinüber zum markanten Einschnitt des „Gatterl". Hier werden Sie eine schwere Entscheidung treffen müssen: Seebensee oder Franz

◁ *Kahle Nordwände der Mieminger Kette von Hochwand bis Grünstein*

Gemsen am Teufelskopf

Jordan! Franz wer? In späteren Zeiten wird man Eintritt von Ihnen verlangen, um so ein Urtiroler Original lebend erleben zu dürfen! Auch hier ist Vorsicht geboten. Der Abstieg vom Steinernen Hüttl, wo Franz nicht nur sein Vieh, sondern auch all seine Gäste liebevoll betreut, ist kurvig und kann nach einem längeren Aufenthalt noch viel kurviger sein! Böse Zungen meinen, am Steinernen Hüttl würde mehr Schnaps als Wasser getrunken.

Um Sie nicht zu irritieren: der Weiterweg zum Seebensee liegt genau in der entgegengesetzten Richtung wie das kleine Steinerne Hüttl – aber wir werden später noch einen Weg dorthin finden! Wir entscheiden uns vorläufig für die gesündere der beiden klaren, gleichsam berauschenden Flüssigkeiten, das Wasser. Schnell sind die Ehrwalder Alm und der Forstweg Richtung Seebensee erreicht. Nach den sonnigen, grünen Hängen des Wettersteins wechseln wir in die schattige, bewaldete Nordseite der Mieminger Kette. In freudiger Erwartung auf einen der schönsten Alpenseen ist der angenehm dahinplätschernde Weg sehr kurzweilig. Im tiefblauen Seebensee spiegeln sich die mächtigen, an die 1000 Meter hohen Wände des Zugspitzecks – ein romantischer, stiller Ort, an dem wir gerne einige Stunden bleiben, die Coburger Hütte ist ohnehin nicht mehr weit entfernt. Auch hier empfehle ich, zwei Nächtigungen einzuplanen. Es gibt hier viele Wandermöglichkeiten, die Einblicke in die oft einsamen Berge gewähren. Zu empfehlen ist ein Tagesausflug hinauf zur Ehrwalder Sonnenspitze oder zur Grünsteinscharte.

Für die letzten zwei Tage unserer Rundwanderung gibt es eine schillernde Palette von Variationsmöglichkeiten. Die Hartgesottenen sollten sich die Variante „Steinernes Hüttl" keinesfalls entgehen lassen! Sollte das Wetter schlecht werden, so kann man von der Coburger Hütte in drei Stunden wieder zurück in Leutasch sein.

Wir steigen frühmorgens nur bis zur Tillfußalm ab und nehmen den Weg der Hartgesottenen, 600 Höhenmeter hinauf zum Reich des Kaisers Franz. Von weitem schon dringt der Klang einer Ziehharmonika an unser Ohr, der immer wieder

Über einen steilen Weg führt Franz Jordan sein Vieh auf die Hochweide von Hochfeldern. ▷

Franz ist ein ausgezeichneter Ziehharmonikaspieler.

Liebevoll betreut Franz das Vieh.

von Gelächter unterbrochen wird. Gerne gesellen wir uns zu der Gruppe vor der Hütte, die sichtlich in guter Stimmung ist. Franz wird seiner Rolle in jeder Hinsicht gerecht, aber erleben Sie ihn lieber selbst ...

Der Weiterweg führt nun entlang der steilabfallenden Südhänge knapp unterhalb der mauergleichen Kette der Südwände, immer leicht auf- und absteigend über die Rotmoosalm hinüber zum Kessel vor dem Scharnitzjoch. In 15 Minuten steigen wir hier ab zur Wettersteinhütte oder zur Wangalm – beide garantieren ausgezeichnetes Essen und ruhige Schlafquartiere. Auch Fred, Wirt der Wettersteinhütte, spielt gerne einen auf mit seiner Ziehharmonika. Eindrucksvoll erheben sich auf der letzten Tagesetappe die schwierigen, bis zu 400 Meter hohen Südwände vor unseren Augen. Den Abstecher vom Scharnitzjoch hinauf zur Gehrenspitze sollte man auf keinen Fall auslassen. An der nicht bewirtschafteten und selten belegten Erinnerungshütte kann man ja die Rucksäcke deponieren und in ca. einer Stunde auf diesen schönen Aussichtsberg direkt über dem grünen Becken von Leutasch hinaufspazieren. Man könnte von der Gehrenspitze auch direkt nach Leutasch absteigen. Wir aber kehren lieber zum Scharnitzjoch zurück und lassen die Wanderwoche mit dem ruhigen Abstieg durch das Puittal ausklingen.

Heinz Zak

Route

1. Tag: Leutasch – Gasthof Hubertus (Parkplatz nördlich am Forstweg vor Gatter) – Bergleintal – Meilerhütte, 4 bis 5 Std.

Abstecher: Leutascher Dreitorspitze, Aufstieg 1 1/2 Std., Abstieg 1 Std.

2. Tag: Meilerhütte – Schachen (Schachenschloß und Alpengarten) – Oberreintal – Reintal – Blaue Gumpe – Reintalangerhütte, 4 bis 5 Std.

3. Tag: Reintalangerhütte – Knorrhütte – Zugspitze – Knorrhütte, 6 bis 7 Std. (ohne Zugspitze 1 Std.)

4. Tag: Knorrhütte – Gatterl – Ehrwalder Alm – Seebensee – Coburger Hütte, 4 bis 5 Std.

Abstecher: Ehrwalder Sonnenspitze 1 Std. oder Grünsteinscharte 1 Std.

5. Tag: Coburger Hütte – Gaistal, Tillfußalm – Steinernes Hüttl – Rotmoosalm – Wettersteinhütte/Wangalm, 6 bis 7 Std.

6. Tag: Wettersteinhütte/Wangalm – Scharnitzjoch – Gehrenspitze – Puittal – Leutasch, 4 bis 5 Std.

Herbstlicher Mischwald im unteren Puittal

Wettersteinhütte und Wangalm sind beliebte Ausflugsziele und Stützpunkte für Kletterer.

Verbrannte Baumruine

Arnspitzen

Der vom eigentlichen Wettersteingebirge isolierte und steil zwischen Leutaschtal und Seefelder Senke aufragende Arnspitzstock ist sowohl von Leutasch als auch von Scharnitz und Mittenwald aus leicht erreichbar. Die Gipfelwanderung bietet herrliche Ausblicke auf Wetterstein und Karwendel. Besonders reizvoll ist die Wanderung Ende Mai, wenn der verbrannte Bergrücken unter der Großen Arnspitze mit unzähligen Aurikelblüten übersät ist.

*Aurikel auf dem verbrannten Bergrücken unter
der Großen Arnspitze*

Hohe Munde von Seefeld aus

Schroff überragt die Mieminger Kette die lieblichen Wiesen des Mieminger Plateaus.

Wandern in der Mieminger Kette

Obwohl das Mieminger Gebirge nur aus einer einzigen Kette besteht, bietet es durch seine geografische Lage eine ungeahnte Fülle von Wandermöglichkeiten. Südseitig ist das Sonnenplateau durch die Bergkette geradezu behütet vor Wind und Kälte und ermöglicht somit ideale Frühjahrs-, Herbst- und Winterwanderungen am Fuß der eigentlichen Berge. Straßberghaus, Alplhütte und Lehnberghaus sind gemütliche Einkehrmöglichkeiten. Im Osten der Hohen Munde, zwischen Leutasch und Seefeld, bieten Gschwandtkopf, Wildmoos und Hochmoos das ganze Jahr über wunderbare Kurzwanderungen. Im Westen der Mieminger Kette locken gerade im Sommer die Wanderwege um Blindsee und Fernsteinsee. Das nördlich die Kette begrenzende Gaistal wird im Sommer wie im Winter gerne besucht – eine besondere Attraktion ist das Jagdschloß Ludwig Ganghofers.

Die Alplhütte über Telfs ist ein beliebtes Ausflugsziel.

Herbstlicher Ferchensee über Mittenwald

Bei einer Wanderung rund um den Blindsee hat man gute Ausblicke auf die steilen Westabbrüche von Wetterstein und Mieminger Gebirge.

Seen

Unmittelbar nach der Eiszeit war das Gebiet um die Zugspitze von riesigen Seen bedeckt. Geblieben sind einige wunderschöne kleinere Seen. Badersee, Ferchensee, Lautersee, Fernsteinsee, Blindsee und Igelsee sind heute beliebte Ausflugsziele und Badeseen.
Der bekannteste und größte ist der Eibsee mit seinen sieben kleinen Inselchen, der in einem Felsabsturzbecken nördlich der Zugspitze eingebettet ist. Auch in den höheren Lagen des Wetterstein und der Mieminger Kette trifft man auf einige kleine Seen wie Schachensee, Stuibensee, Drachensee und Seebensee.

Direkt neben der Fahrstraße über den Fernpaß liegt der grünschimmernde Fernsteinsee.

Herbstliches Laub treibt im Eibsee.

E. T. Compton – ein Zauberer mit Pinsel und Zeichenfeder

Edward Theodore Compton war ein Bergmaler der ganz besonderen Klasse. Geboren wurde er am 29. Juli 1849 in einem Londoner Vorort. Er wuchs in Darmstadt auf und erhielt Zeichenunterricht an der Großherzoglichen Zeichenschule des Historienmalers Rudolf Hofmann. Als er 19jährig bei einer Ferienreise in die Schweiz die Berge kennenlernte, entschloß er sich, Bergmaler zu werden. Er heiratete und ließ sich in Feldafing am Starnberger See nieder.

In der zweiten Hälfte des vergangenen Jahrhunderts, als die Fotografie im Gebirge noch zu kompliziert und aufwendig war, bezauberten seine Aquarelle sowie seine Feder- und Pinselzeichnungen von den Alpen durch eine bestechende Wirklichkeitsnähe. Dabei malte er nicht nur topographisch, sondern verband künstlerische Phantasie mit Exaktheit. Seine besondere Liebe galt dem Wetterstein. Er malte dort nicht nur seine vielgerühmten Gemälde „Höllental" und „Eibsee", sondern war auch als vorzüglicher Alpinist dort unterwegs.

Drei Wochen nach der ersten Winterbesteigung der Zugspitze durch fünf Münchner Bergsteiger startete er mit dem Führer Johann Ostler am 29. Januar 1882 ein Winterunternehmen. Er wählte eine neue Route und stieg zusammen mit

seinem Führer um 5 Uhr früh vom Eibsee aus zur Zugspitze auf und erreichte bereits um 10.45 Uhr den oberen Rand des Schneekars. Der Schnee war fest und die Leitern und Eisenstifte der Steiganlage waren größtenteils verdeckt. Auf den letzten hundert Metern bis zum Gratsattel zwischen Zugspitzeck und Gipfel mußten die beiden Stufen hacken.

Um 14.45 Uhr erreichten sie den Westgipfel, genossen dort oben die winterliche Stille und ein herrliches Panorama.
Als Abstiegsroute nahmen sie den Weg über die Knorrhütte und durch das Reintal nach Partenkirchen. In seinem Testament verfügte E. T. Compton, daß man seine Asche in einen Bach im Wetterstein streuen solle.

131

*Blick von der Zugspitze auf Garmisch-
Partenkirchen*

Am Fusse der Berge
Ortschaften rund um Wetterstein und Mieminger Gebirge

Kapelle in Klais

Garmisch-Partenkirchen

Partenkirchen war zur Zeit der Römerherrschaft eine Station an der Heerstraße „Via Raetia", die von Augsburg über Scharnitz und den Brenner nach Italien führte, und hieß damals Parthanum. Nach dem Verfall der römischen Herrschaft in Rätien, Ende des 5. Jahrhunderts, begannen die Baiern im Alpengebiet einzuwandern. Am Loisachknie entstand das bajuwarische Germarsgau, das um 803 als Germarskovve urkundlich erwähnt wird. Otto von Wittelsbach erbaute 1155 die Feste Werdenfels. 1294 fiel die Grafschaft Werdenfels mit Partenkirchen, Garmisch und Mittenwald an das Hochstift Freising. Aus der Heerstraße war eine Handelsstraße geworden. Die Fugger und Welser aus Augsburg trieben regen Handel mit Italien, und so wurde das Werdenfelser Land im Hochmittelalter als das „goldene Landl" bezeichnet. Hauptrottstätte (Warenumschlagplatz) war Partenkirchen mit einem Wollstadel. Garmisch, 1455 zum Markt erhoben, nahm ebenfalls am Rottverkehr teil, fand daneben aber auch seinen Erwerb durch den Floßverkehr auf der Loisach. Während des Dreißigjährigen Krieges verarmten die Orte. 1802 wurde die Freising'sche Grafschaft Werdenfels Bayern einverleibt. Münchner Studenten und Maler waren die ersten, die die romantische Schönheit des Werdenfelser Landes entdeckten. Um 1860 kamen bereits die ersten Feriengäste aus Berlin. Um die Jahrhundertwende war Garmisch-Partenkirchen eine beliebte Sommerfrische für die bessere Gesellschaft. Es entstanden Villen und Landhäuser. 1908 erwarb der berühmte Musiker Richard Strauß ein Grundstück in Garmisch und ließ sich ein Landhaus bauen, in dem er bis zu seinem Tode 1949 wohnte und komponierte. Der Zusammenschluß beider Gemeinden erfolgte ein Jahr vor der Winterolympiade von 1936, die Garmisch-Partenkirchen auch als Wintersportort weltberühmt machte.

Klais

Klais, ein Dorf der Gemeinde Krün, liegt an der Straße zwischen Mittenwald und Garmisch, dort wo der Weg nach Westen in die Elmau führt. Die bewaldeten Hügel und die Buckelwiesen, die den Ort einrahmen, laden im Sommer zum Spazierengehen und im Winter zum Langlaufen ein.
Der Name Klais ist römischen Ursprungs und kommt von clausa, der Straßensperre. Versteckt bei einem Waldstück am Kranzbach können noch Reste der Römerstraße „Via Raetia", die nach Augsburg führte, besichtigt werden. Im Jahre 763 wurde von Reginperht, einem bajuwarischen Fürsten, bei der aus Stein gebauten Petruskirche in Klais das Kloster in der Scharnitz gegründet. Die Fundamente einer frühmittelalterlichen Kirche auf dem Kirchfeld in Klais bestätigen dies. Das Kloster wurde neun Jahre

Mittenwald unter den Wettersteinspitzen

später nach Schlehdorf am Kochelsee verlegt. Die steinerne Kirche diente jedoch weiterhin der Betreuung der wenigen Siedler im Scharnitzer Wald. Nachdem die Kirche um 1200 durch einen Brand zerstört worden war, wurde die Kirche in Mittenwald zum geistigen Zentrum. Im 18. Jahrhundert bestand Klais nur aus einem Bauernhof und einer Wirtschaft.

Krün

Im weiten Talkessel von Mittenwald Richtung Walchensee liegt Krün. Trotz seiner schönen Lage, umgeben von romantischen Seen und einer herrlichen Bergwelt, wurde die Ortschaft erst in den fünfziger Jahren vom Tourismus entdeckt und entwickelte sich rasch zu einem gern besuchten Erholungszentrum.

Noch im 17. Jahrhundert bestand Krün nur aus 17 Schwaighöfen (Viehhöfen). Da die Bevölkerung im Spätmittelalter rasch zunahm, begannen im 13. Jahrhundert Holzfäller im Auftrag des Klosters Benediktbeuren das Tal um Krün zu roden und Schwaighöfe aufzubauen. Der Name Krün kommt von „gerüne" und bedeutet umgehauene, herumliegende Baumstämme. 1491, als das Hochstift Freising die Höfe kaufte, wurde Krün in die Grafschaft Werdenfels eingegliedert.

Mittenwald

Eingebettet zwischen Wetterstein und Karwendel liegt Mittenwald in 913 Metern Meereshöhe und ist damit Deutschlands höchstgelegener Luftkurort. Im alten Ortskern von Mittenwald drängen sich niedere bayrische Häuser mit charakteristischen Holzgiebeln und farbenfrohen Lüftlmalereien aneinander. Den Mittelpunkt des Ortes bildet die Pfarrkirche St. Peter und Paul mit ihrem buntbemalten Kirchturm.

Seinen Namen erhielt Mittenwald von dem großen Waldgebiet, das sich im Mittelalter vom Zirler Berg bis Wallgau erstreckte und „die Scharnitz" genannt wurde. Der älteste Ortsteil „im Gries" mit den Häusern um die Pfarrkirche wurde wohl vom Kloster Scharnitz-Schlehdorf auf der Sonnenseite des Tales gegründet. In den Jahren 1096 und 1098 wurde Mittenwald erstmals urkundlich mit „in media silvia" unter dem Bischof Meginward von Freising erwähnt. Seit 1305 bereits ist Mittenwald dank der günstigen Lage an der Handelsstraße zwischen Italien und Deutschland Marktgemeinde. Im 14. Jahrhundert bildete sich eine Vereinigung von Fuhrleuten, die sogenannte „Rott", die die Beförderung von Kaufmannswaren übernahm, zuerst auf der Straße, dann seit 1407 auch mit dem Floß auf der Isar. Nachdem Erzherzog Sigismund von Tirol 130 venezianische Kaufleute in Bozen hatte gefangennehmen lassen, verlegten die Venezianer ihren Markt von Bozen nach Mittenwald. Der Ort nahm einen starken wirtschaftlichen Aufschwung. Der im Fünfjahresrhythmus stattfindende „Bozener Markt", bei dem die Einheimischen in historischen Kostümen Speisen und handgemachte Waren aus dieser Zeit anbieten, erinnert an diese Epoche. Während der Zeit des Dreißigjährigen Krieges ging der Handel zurück und 1679 verlegte Venedig den Markt zurück nach Bozen. Zum Geigenbauzentrum wurde Mittenwald durch Matthias Klotz, der in Italien die Kunst des Geigenbauens erlernte, in seiner Heimatgemeinde eine Werkstatt einrichtete und junge Mittenwalder zu unterrichten begann. 1858 wurde auf Anregung von König Max II. in Mittenwald eine Geigenbauschule ins Leben gerufen, die heute noch besteht.

Scharnitz

Dort wo die steilen Berghänge des Wetterstein- und des Karwendelgebirges fast aneinanderstoßen, liegt direkt an der Grenze zu Bayern in 964 Metern Seehöhe der österreichische Ort Scharnitz.
Schon die Römer hatten an dieser Talenge eine Straßenstation Scarbia erbaut. Im Hochmittelalter bewirteten die Gaststätten „Goldener Adler" und „Blaue Traube", die noch aus dieser Zeit erhalten sind, durstige Fuhrleute, die auf ihrem Weg nach Augsburg oder Italien hier rasteten. Als im Dreißigjährigen Krieg Tirol von den Schweden bedroht wurde, ließ die Landesfürstin Claudia von Medici eine Festung in der Scharnitz erbauen. Dicke Mauern zogen sich vom Nordhang der Arnspitze bis zum Felsaufschwung der Brunnsteinspitze und sperrten das ganze Tal ab. Sowohl im Spanischen Erbfolgekrieg als auch in den Napoleonischen Kriegen wurde die Feste heiß umkämpft und durch Mittenwalder Verrat auch vom Feind eingenommen. Bei den Tiroler Freiheitskämpfen wurde ein Großteil der Porta Claudia zerstört und blieb in Trümmern liegen. Ruinen sind noch in der Nähe des Zollamtes und am Osthang der Arnspitzen zu finden. Heute ist Scharnitz ein beliebter Ausgangspunkt für Wanderungen in die umliegenden Berge. Bekannt wurde es unter dem Namen „Tor zum Karwendel", da von Scharnitz aus drei Täler in das Karwendelgebirge führen.

Seefeld

Umgeben von einer herrlichen Bergkulisse, zwischen bewaldeten Hügeln, einem Hochmoor mit zarten Birken und einem kleinen See liegt Seefeld, das heute einer der bekanntesten Tourismusorte in Tirol ist. 1964 und 1976 war Seefeld zusammen mit Innsbruck Austragungsort der Olympischen Winterspiele. 1985 wurde in Seefeld die 17. Nordische Skiweltmeisterschaft durchgeführt.
Seit wann Seefeld als eigene Gemeinde gilt, läßt sich nicht mehr feststellen. Im 13. und 14. Jahrhundert standen in der Nähe des Schloßberges

Fronleichnamsprozession in Scharnitz

einige Höfe und die Kirche St. Oswald, die Ende des 14. Jahrhunderts ein beliebter Wallfahrtsort war, den auch die Landesfürsten gerne besuchten und reich beschenkten. 1423 wurde mit dem Neubau der Kirche begonnen, heute ist die formenreich ausgestattete gotische Kirche das einzige bedeutende Bauwerk der Innsbrucker Bauhütte, das noch steht. Das Seefelder Kloster, mit dessen Bau 1516 auf Anweisung von Kaiser Maximilian I. begonnen wurde, bestand bis 1781. Nach seiner Auflösung dienten die Gebäude als Gasthäuser, die jedoch während der Tiroler Freiheitskämpfe durch einen Brand stark beschädigt wurden.

Kirche im Weiler Kirchplatzl in der Leutasch

▽ *Bärentreiber in Telfs*

Leutasch

Das Leutaschtal, abseits der großen Verkehrswege liegend, wird durch die steil hinaufziehenden Hänge des Wettersteingebirges, der Mieminger Kette und der Arnspitzen eingeschlossen. Vom hundert Meter tiefer liegenden Mittenwald wird es durch die Leutaschklamm getrennt. Die Gemeinde Leutasch setzt sich aus mehreren Kleinsiedlungen zusammen. Der 16 km lange Talgrund ist im Sommer ein Paradies für Wanderer und Radfahrer und im Winter ideal für Skilangläufer.

Wahrscheinlich war Leutasch im Mittelalter eine Alpe unter Telfer Grundherrschaft. Im 13. Jahrhundert wurde es zum Rodungsgebiet der Klöster Polling, Schlehdorf, Wilten und Stams. Als im Dreißigjährigen Krieg in Scharnitz die Porta Claudia gebaut wurde, entstand auch in der Leutasch eine Befestigungsanlage, „die Schanz". 1805 konnte sie jedoch von den Franzosen unter Führung eines Mittenwalders über den sogenannten Franzosensteig umgangen werden. Ludwig Ganghofer, der von 1896 bis 1914 Pächter der Jagd im Gaistal war, beschrieb die geliebte Landschaft und interessante Menschen, die er dort kennengelernt hatte, in seinen Romanen.

Telfs

Funde aus der Bronzezeit beweisen, daß Telfs uralter Siedlungsboden ist. Auch die Römer ließen ihre Spuren in Form kleiner Liebesgottheiten und Münzen römischer Kaiser zurück. Im 6. Jahrhundert kamen die Bajuwaren ins Oberinntal und mischten sich mit der dort ansässigen Bevölkerung. 1175 wurde „Telves" das erste Mal urkundlich erwähnt. Seit alters her bildete Telfs eine Wirtschaftsgemeinschaft mit dem Leutasch- und dem Gaistal. Im 14. Jahrhundert verkauften die bayrischen Grundherren Telfs an Graf Heinrich von Tirol. Wirtschaftlich profitierte der Ort von seiner Lage am Inn. Kleinere Schiffe brachten aus Hall Salz, das in Telfs ver-

laden wurde. Der Ort blühte auf, besaß einen Salzstadel und ein Ballenhaus und wurde zum Mittelpunkt der Fasadenmalerei. Ein ganz berühmter Maler, nämlich Albrecht Dürer, der als 20jähriger auf seiner ersten Reise nach Italien durch den Ortsteil Mösern gekommen war, hat den Blick von dort hinunter ins Inntal als Hintergrund für sein Selbstbildnis genommen. Obwohl sich Telfs im 18. und 19. Jahrhundert zu einem Zentrum der Textilindustrie entwickelte und Handel und Gewerbe blühten, konnte sich die Marktgemeinde einen malerischen Ortskern erhalten. Alle fünf Jahre findet hier das berühmte „Schleicherlaufen" statt. Zurückgeführt wird dieser farbenprächtige Fastnachtsumzug auf einen uralten Vorfrühlingsbrauch aus vorchristlicher Zeit.

◁ *Schellerlaufen in Nassereith*

▽ *Bubenfastnacht in Imst*

Im ganzen Alpenraum herrscht in der Faschingszeit reges Treiben. In kunstvoll geschnitzten Masken treten verschiedene Charaktere auf, tanzen in rhythmischen Bewegungen, spielen kleine Szenen und vertreiben den Winter und die bösen Geister. Zurückzuführen sind diese Bräuche wohl auf vorchristliche Riten, obwohl es dafür keine schlüssigen Beweise gibt.

Mittenwalder Faschingstreiben im Wirtshaus
▽ *und auf der Straße*

Wallfahrtsort Locherboden bei Mieming

Mieming

Die Gemeinde Mieming, zu der heute die Ortschaften Barwies, Ober- und Untermieming, See, Tabland und einige mehr gehören, ist als Mittelpunkt des „Oberinntaler Sonnenplateaus" ein bekannter und beliebter Fremdenverkehrsort. Schon im 15. Jahrhundert hielt sich Herzog Sigmund der Münzreiche zur Erholung hier auf und ließ sich bei Schloß Freundsheim Wildgehege und Fischweiher anlegen. Auch Kaiser Maximilian I. hielt sich des öfteren zur Jagd auf der Hochfläche auf. Urkundlich erwähnt wird Mieming erstmals 1071 in einer Stiftungsurkunde des Klosters St. Gertrud in Augsburg. Nachdem Augsburg 1315 das Patronatsrecht der Pfarrei Mieming an das Kloster Stams abgegeben hatte, entstand eine enge Beziehung zwischen Ort und Kloster. Das gesamte Plateau am Fuße des Mieminger Gebirges hieß damals Mieminger Berg und war im Besitz verschiedener adliger und kirchlicher Grundherren. Die dort lebenden Bauern lieferten ihre Pacht größtenteils in Naturalien ab. Erst 1848/49 wurden die Bauern endgültig besitzmäßig selbständig.

Nassereith

Am östlichen Ende der Mieminger Kette im Gurgltal liegt der alte Bergwerksort Nassereith. Dormitz, heute ein Ortsteil von Nassereith, war schon 300 vor Chr. eine Dauersiedlung an einer alten keltischen Wegverbindung, die aus dem Vintschgau über Reschenpaß und Fernpaß in das Bayerische Alpenvorland führte. Als die Römer in dieses Gebiet eindrangen und weiter bis zur Donau vorstießen, nutzen sie diesen Keltenpfad und bauten ihn zur Heerstraße „Via Claudia" aus. Seit dem 14. Jahrhundert werden Dormitz und Nassereith als Wirtschaftsgemeinden genannt. Auch aus der Via Claudia war inzwischen eine Handelsstraße geworden. Die vielen Gasthäuser Nassereiths boten den Fuhrleuten und Durchreisenden Übernachtung und Kost. Sogar so berühmte Gäste wie Papst Pius, der 1782 beim Platzwirt übernachtete, und Johann Wolfgang von Goethe, der 1790 in der Alten Post einkehrte, wußten die Gastlichkeit Nassereiths zu schätzen. Nachdem der Handelsverkehr über den Fernpaß abnahm, gewann im 17. Jahrhundert die Erzgewinnung in der Umgebung von Nassereith eine große Bedeutung. Abgebaut wurden vor allem Blei, Zink und Galmei. Im 19. Jahrhundert entstanden mehrere Gewerbebetriebe, darunter Latschenölbrennanlagen und eine Baumwoll-Handweberei. Heute ist auch der Tourismus eine wichtige Einnahmequelle. Ein besonders reizvolles Ziel für Feriengäste in Nassereith ist der Fernsteinsee mit Schloß Fernstein aus dem Jahre 1720.

Lermoos im Ehrwalder Becken

Ehrwald am Fuß der Zugspitze

Lermoos

Die Gemeinde Lermoos liegt am Westrand des Zugspitzbeckens und ist wohl die älteste Siedlung Zwischentorens. Unter dem Namen Larinmoos, das „leere Moos", wurde es 1060 erstmals in einer Urkunde des Bistums Freising erwähnt. Bereits im 15. Jahrhundert entwickelte sich in Lermoos, das wie Nassereith an der Handelsstraße lag, auf der neben anderen Waren vor allem Salz von Hall nach Schwaben und in den Bodenseeraum transportiert wurde, ein straff organisiertes Rodwesen. Da die Gemeinden Lermoos, Garten und Biberwier für den Erhalt der Straße aufkamen, erhielten sie von Kaiser Maximilian I. das Recht zur Erhebung eines Wegegeldes. Die Einnahmen durch den Salzhandel ermöglichten es den Bauern, sich zwischen 1556 und 1557 von der Grundschuldpflicht freizukaufen. Freie Bauern gab es damals noch wenige. 1634 wütete die Pest in Lermoos, 1754 wurde die reich ausgestattete, in barockem Stil erbaute Lermooser Pfarrkirche eingeweiht. Im 18. Jahrhundert entstanden verschiedene Gewerbebetriebe, wie eine Brauerei, eine Färberei und eine Kattundruckerei. Bereits 1860 setzte der Fremdenverkehr ein und brachte Aufschwung und Wohlstand.

Ehrwald

Ehrwald breitet sich am Westfuß des Zugspitzmassives aus und wird eingeschlossen von Wetterstein, Mieminger Gebirge und den Lechtaler Alpen. Schon um die Jahrhundertwende war Ehrwald ein bekannter Sommerkurort, der 1926 mit dem Bau der kühnen Tiroler Zugspitzbahn noch an Beachtung gewann.

Die erste Besiedelung des Ehrwalder Raumes geschah im 13. Jahrhundert vom Inntal her über den Fernpaß. Der Name Ehrwald läßt sich von „ero wald" = Anfang des Waldes herleiten. Richtung Norden bedeckten riesige Waldflächen das bayerische Alpenvorland. Im 15. Jahrhundert bildete Ehrwald zusammen mit Lermoos eine Wirtschaftsgemeinde und profitierte ebenfalls vom Salzhandel. Das Salz wurde in Fässern von Hall ins Schwäbische transportiert. Eine gute Einnahmequelle für die Ehrwalder wurde die Faßdaubenherstellung, für die die Ortschaft 1659 ein eigenes Privileg erhielt. Als zu Beginn des 18. Jahrhunderts der Salzhandel ein Ende fand, stellten sich die fleißigen Ehrwalder auf die Herstellung von Pfeifenspitzen, Rechen und Holzgabeln und das Lodenwalken um.

Angelika Zak

Sylvesternacht in Seefeld

INHALT

4 VERLIEBT IN EIN STÜCK FELS
  EINLEITENDE WORTE
  HEINZ ZAK

7 DEUTSCHLANDS HÖCHSTER GUPF
  DIE GESCHICHTE DER ZUGSPITZE
  WALTER KLIER

37 HÖLLENTALABWÄRTS IST SCHÖNER
  FRANZ XAVER WAGNER

42 GEOLOGIE
  EIN GEBIRGE ENTSTEHT
  ANGELIKA ZAK

43 BERGBAU
  SCHATZSUCHE IM WETTERSTEIN
  ANGELIKA ZAK

45 FRANZ FISCHER
  LEGENDÄRER HÜTTENWIRT IM OBERREINTAL
  CHARLY WEHRLE

53 HEI MI LECKST AM ARSCH
  EINE GESCHICHTE VON DEN GUTEN ALTEN ZEITEN
  STEFAN GLOWACZ

59 DAS „GELBE U" – NÄCHTLICHER AUSFLUG
  CHARLY WEHRLE

65 LEBEN IM SONNENSCHEIN
  SCHÜSSELKAR-SÜDWAND ALS SPIEGEL EINES GEBIRGES
  HEINZ ZAK

83 WETTERSTEINKAMM-ÜBERSCHREITUNG IM WINTER
  HEINZ ZAK

91 ABENTEUER VOR DER HAUSTÜR
  BERNHARD HANGL

97 ÜBERSCHREITUNG DER MIEMINGER KETTE
  HEINZ ZAK

107 LICHT UND SCHATTEN
  EINE WOCHE ZU FUSS DURCH WETTERSTEIN UND MIEMINGER GEBIRGE
  HEINZ ZAK

133 AM FUSSE DER BERGE
  ORTSCHAFTEN RUND UM WETTERSTEIN UND MIEMINGER GEBIRGE
  ANGELIKA ZAK

Arnplattenspitze mit Karwendel bei Sonnenaufgang

Dohlen sind die elegantesten Flieger.

Alpspitze, Zugspitze, Waxenstein und Ammergauer Alpen vom Geroldsee aus

Literaturverzeichnis

Toni Hiebeler
Zugspitze
Mosaik Verlag
(vergriffen)

Fritz Schmitt
Wetterstein
Bergverlag Rother
(vergriffen)

Heinrich Schott
Die Zugspitze
Süddeutscher Verlag
(vergriffen)

Robert Eidenschink
Die Zugspitze
Institut für deutsche und
vergleichende Volkskunde
Schriftliche Hausarbeit

Stefan Beulke
Wetterstein
Alpenvereinsführer
Bergverlag Rother

Hans Leberle
Führer durch das Wettersteingebirge
J. Lindauersche
Universitätsbuchhandlung
(vergriffen)

Impressum

1. Auflage 1998
Bergverlag Rudolf Rother GmbH,
München
alle Rechte vorbehalten
ISBN 3-7633-7501-5
Lektorat: Barbara Hörmann
Gestaltung: Angelika Zak
Reproduktion, Belichtung und Druck:
Alpina Druck GmbH & CoKG,
Innsbruck

Bildnachweis:
Alle Fotos Heinz Zak
bzw. Archiv Heinz Zak, außer:
Seite 110: Werner Neumeister
Seite 131: Rudolf Rother
Seite 45, 46, 47, 48, 49, 54, 55, 56,
59, 60, 61: Archiv Charly Wehrle
Seite 16: Illustrationen aus
„Wetterstein", Fritz Schmitt

Titelseite:
Sonnenaufgang über der Gehrenspitze
Umschlagrückseite:
Heinz Zak in seiner Route
„Doc Holiday", Schüsselkar
Vorsatz vorne und hinten:
Wettersteinkamm von der
Leutascher Dreitorspitze bis
zum Teufelsgrat, dahinter der
Alpenhauptkamm